NHK おしゃれ工房

はじめての
ルーシングフラワーキルト

Kuroha Shizuko

黒羽志寿子

はじめに

ルーシングとセルティックについて

ルーシングとは縫い縮めた飾りひものことです。木綿や絹などの布をバイアスにカットして作ります。セルティックは台布のデザインに沿って、バイアス布を細い袋状にして、たたんでまつりつける技法です。今回の作品の中では、枝や茎のほか、かごにも使っています。

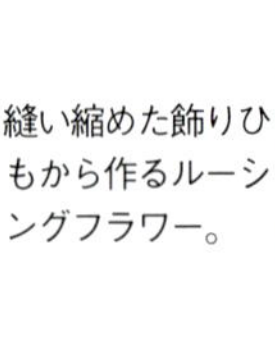

縫い縮めた飾りひもから作るルーシングフラワー。

ルーシングは花やつぼみ、あるいは縁どりとしてボルチモア・アプリケキルトの一部に使われていますが、25年ほど前に初めてルーシングを見たときには、うっかりと見過ごしていました。しかし1999年にアメリカ在住のキルト作家、祥子・ファーガソンのボルチモア風アプリケキルトの作品に出会ったときに、脇役として使われていた花とつぼみが私の目の前に飛びこんできて、これを主役にしてみたいという思いがつのり、彼女に教えを請うたのが、この本を出版するきっかけとなりました。試行錯誤しているうちに、バイアスをさまざまな形で縫い縮めたひもがアレンジの仕方によって、まったく違う表情を見せてくれて、私が予想もしていなかった作品が生まれました。基本的なルーシングと応用を兼ね備えた本になったと自負しています。

バイアス布を細く縫いとめてデザイン化していくセルティック。

今までの私の本とは作風ががらりと変わった感じがするかもしれませんが、今回のテクニックと裏技はアメリカの祥子・ファーガソンとアン・オリバー、フランスのカトリーヌ・フレガードとの交流の中から生まれたものです。３人の友情に感謝するとともに、ぜひ、みなさまにもこの手法を楽しんで欲しいと願っています。

2001年　春　黒羽志寿子

はじめてのルーシングフラワーキルト　もくじ

Contents

洋布のルーシングフラワー

小さな小花模様を
縮めると華やかな
イメージに。(木綿)

地色と同系色の小花は
穏やかな表情に。(木綿)

白地に細かい柄は
小さな花に作ると
かわいい。(木綿)

同色の細かい柄で、
無地感覚に。
(木綿)

▶シックな柄も
ルーシングのタイプ
によってゴージャス
な大輪の花に。(木綿)

もとの柄が
やわらかいので、
ふんわりとした印象に。
(木綿)

光沢のある
オーガンジーの質感を
生かして。(ナイロン)

縮めると、黄色の
濃淡が楽しめます。
(木綿)

同系色の大柄は
大きな花にすると
濃淡がより美しい。(木綿)

多色の布は
色の出かたを楽しんで。
(木綿)

同色で濃淡の柄は
穏やかな表情になるので、
初心者にも使いやすい。
（木綿）
花の形は同じでも、
布の柄によって
表情が変わります。（木綿）
オーガンジーは、違う色を
重ねて使うのも楽しい。
（ナイロン）
▲▼同色の
小柄は、
静かな印象
に。（木綿）
◀▼布地のグラデーションは、
縮めることによって、
よりはっきりします。（木綿）
▼縮めるとチェックが
違う柄のように
見えます。（木綿）

和布の
ルーシングフラワー

白いラインが効いた
鮮やかな柄。(絹)

無地感覚の
上品な色合い。
(絹)

細かい小紋柄の
縮緬は縮めると
楽しい。(絹)

▲紅白の愛らしい立涌模様。(絹)

縞模様を生かすのなら、
大きめの花に。(絹)

▶江戸小紋の小花の
美しさを生かして。(絹)

羽二重の柔らかな
風合いを表現。(絹)

無地の多い大柄は使う場所によっ
て、色の出かたを楽しんで。(絹)

つむぎの質感と柄を生かした大きな花。(絹)

うっすらと裏の赤がのぞく個性的な紗。(絹)

錦紗のふわっとした柔らかさを生かして。(絹)

花が小さいと縞模様には見えません。

江戸小紋の細かい柄は縮めることで、より魅力的に。(絹)

同系色の縞模様のつむぎ。縮めると茶色の濃淡がおしゃれ。(絹)

藍の型染めの風合いをそのまま花に。(木綿)

▼モノトーンの格子。柄が細かいので縮めてもきれい。(木綿)

小さく点在しているひょうたん柄も、縮めるとおもしろい表情に。(木綿)

洋布のコサージュ

作り方●51ページ

1
オーガンジーのギャザーリボンに
オーガンジーの布で作った
ルーシングフラワーを重ねました。
中心はパールビーズで華やかに。
ドレスやニット、バッグなどの
おしゃれ着のアクセントに最適です。

2 プリーツリボンと
オーガンジーのルーシングフラワーを
組み合わせたシックなコサージュ。
小振りなので、バッグや帽子などにも。

3 ギャザーリボンにほつれないバイアスリボンを
組み合わせた細かい花びらのコサージュ。
また、外側にまっすぐなリボンを使うときは、
片方にギャザーを寄せると、華やかになります。

和布のコサージュ

作り方●52ページ

1 細かい絣柄の麻を縮めて作った
ルーシングフラワーのコサージュ。
布地の風合いと花の形を生かした
シンプルなデザイン。

2 ベージュ地の絣柄がモダンな
麻の古布を使って作りました。
大小の花を重ねてボリューム感を。

4 麻の一種である蚊帳を縮めると、
ざっくりとした独特の風合いに。
糸を抜いて、
ほつれを中心に入れ、
そのままアクセントにしています。
夏のワンピースやニットに。

3
藍染めの麻で作った
小さなコサージュは、
絣模様の白いラインが涼し気。
小さな花を重ねて、
ビーズをあしらいました。

アクセサリー&ポーチ

小花のバレッタ
作り方●53ページ
木綿や麻の和布で作った素朴なデザイン。
小さな円をぎゅっと4つに縮めて花の形にしました。

オーガンジーのポーチ
作り方●54ページ
大胆な花柄の木綿地にオーガンジーを重ねて、
リボンのルーシングをハート形にデザインしました。

洋布のチョーカー

作り方●55ページ

ひもがベルベットのチョーカーは冬のおしゃれに。
ベージュはオーガンジーを、黒はウールを使っています。

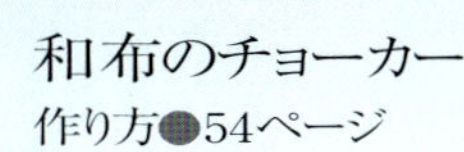

和布のチョーカー

作り方●54ページ

シックな木綿の和ぎれを利用した繊細なデザイン。
小さな花と細いひもで首をほっそり見せてくれます。

和布のイヤリング

作り方●55ページ

リボンのバレッタ

作り方●55ページ

大島つむぎと縮緬のイヤリングは
和布で作った服にも合います。
バレッタはバイアスリボンとビーズで華やかに。

1

携帯電話ストラップ

作り方●56ページ

藍染め木綿、縮緬、麻などの
渋い古布のはぎれから、
こんなに楽しいストラップができます。
花が2つついているものは、
花が1つ動くようになっているので、
ひもの長さを調節することも。
ハイテクの携帯電話と
日本の伝統の布との組み合わせが新鮮です。

2

3

4

5

6
7
8
9
10
11

おしゃれバッグ

作り方●57ページ

1 バッグと同色のルーシングフラワーを
アクセント的にあしらいました。
バイアスリボンを使った
ラフな感じの花がポイント。
洋服にも着物にも似合います。

2 光沢のあるサテン地の
ペタンコタイプは
パーティーバッグに最適です。
控えめな同色の花とビーズが上品。

3 バッグの口元にライン状に作った
ルーシングを、さらに大きめの
コサージュをつけた華やかなデザイン。
花芯には花の布地の裏を利用しています。

お出かけトートバッグ&ポーチ

ウール素材をバイアスにカットして、裁ち切りのままルーシングしたものを渦巻き状にデザインしています。

バッグはキルティングの方向を変えて変化を出しています。その上にルーシングの渦巻きをバランスよく配して。

黒のトートバッグ
作り方●59ページ

ベージュのポーチ
作り方●58ページ

黒のポーチ
作り方●59ページ

ベージュのトートバッグ
作り方●58ページ

1

2

ルーシングのデザインを変えると、イメージが変わります。

バッグのサイズに合わせて渦巻きの大きさを変えて。ウールジョーゼットはほつれにくい素材なので、裁ち切りのまま使えます。

大島つむぎのバッグ&小物

木綿を市松模様に配して、
大島つむぎのルーシングフラワーを
あしらったシックな
バッグと小物たちです。

トートバッグ
作り方●60ページ

巾着
作り方●61ページ

ポシェット
作り方●62ページ

大島つむぎの花はルーシング、茎はセルティック、
葉はニードルターンのアプリケの技法で作りました。

巾着の裏やポシェットの中にも花をつけて。
ポシェットのふたの布には江戸小紋のレプリカを使用。

ポーチ
作り方●61ページ

1

2

大島つむぎの色合いや花の形を変えると、
全体のイメージがかなり違ってきます。

携帯電話ケース
作り方●63ページ

スペースを生かして花を大きめにデザイン。
渋めの色合いをモダンなバッグに合わせるのもおしゃれ。

さわやか
トートバッグ

作り方●63ページ

花にプラスして
ルーシングを縁取りに
あしらいました。
バッグの形も丸みをつけて、
全体に優しいイメージに。

ストライプの木綿地で
大小のルーシングフラワーを作り、
紺と白の境目に、
バランスよく並べました。
全体をブルー系でまとめた
さわやかなデザインです。
花の大きさや数は
お好みでアレンジを。

ソーイングケースの中は、
はさみなどを入れるポケットや、
針を刺すために
フェルトが4枚ついています。
ウール素材なら
針が錆びません。

携帯用
ソーイングケース

作り方●68ページ

ノート型の
ソーイングケースの表面に、
セルティックの技法で
模様を描きました。
ラインをくぐらせて
つなげていくところに、
セルティックの
おもしろさがあります。

ソーイングボックス

作り方●64ページ

ルーシングとセルティックの
技法を組み合わせた
だ円形のソーイングケース。
花が目立つように、
地の色を抑えました。

中にも使いやすい工夫がいっぱい。
ルーシングフラワーの針刺しは、針が錆びないメリンスを使用。

針山

作り方●68ページ

空き缶を土台にした針山。針を刺す部分は錆びないフェルトで。

カントリークッション

作り方●66ページ

3

1

4

2

5

あじさいやカーネーションなどの
身近な花を題材にした
素朴で温もりのあるデザイン。
いろいろなパターンをたくさん作って、
ベッドカバーなどにアレンジするのも
楽しいでしょう。

少し厚手のコットンストライプを使用。
共布でルーシングとセルティックをほどこすと立体感が出ます。

ポットカバー&ランチョンマット

作り方●69ページ

ランチョンマットは実用性を考えてコーナーに花をつけました。
色を抑えた共布を使うと器や料理の邪魔になりません。

カップ柄のタペストリー

作り方●70ページ

アプリケで作った
カラフルなカップ&ソーサーを
セルティックのラインで、
ぐるりと囲みました。
地色と同系色のラインが、
よりカップを引き立てています。
キッチンやダイニングの壁に。

垣根と花のタペストリー

作り方●72ページ

レプリカの
和風プリント地を使って、
垣根とつるはセルティック、
花はルーシングで作りました。
全体の色のトーンを
合わせるために、
わざと布の裏を使って花を作り、
色合いを調整しています。

花とぶどうの タペストリー

作り方●73ページ

かごに生けた
色とりどりの花たち。
大輪の花、小花、つぼみなど、
さまざまなルーシングの
テクニックを使いました。
いろいろな花の中で
ぶどうの実と葉が
アクセントになっています。

（上から）
抱南天（だきなんてん）
陰杏葉桔梗（かげぎょうようききょう）
星付変り抱き稲穂（ほしつきかわりだきいなほ）

（上から）
陰上り藤（かげのぼりふじ）
土岐家抱桔梗（ときけだきききょう）
陰龍騰車（かげりんどうしゃ）

（上から）
松葉梅鶴（まつばうめづる）
中陰変り飛桜蝶
（ちゅうかげかわりとびさくらちょう）
一筆豆造（いっぴつまめぞう）
中陰揚羽桔梗蝶
（ちゅうかげあげはききょうちょう）

遊び紋のタペストリー

作り方●74ページ

明治時代の更紗に
同系色の布で遊び紋を描いた
シックでモダンなデザイン。
家紋をアレンジして、
セルティックとルーシングで
表現しました。古布ならではの
しっとりとした味わいが魅力です。

額絵●ベージュのフラワーバスケット

作り方●76ページ

かごと茎をセルティックで、花やつぼみをルーシングで、
葉をアプリケで表現。花の形のバリエーションを楽しみましょう。

額絵●ピンクのフラワーバスケット

作り方●77ページ

かご、花、葉、茎などのすべてをシルクのバイアスリボンで。
ピンクのモアレ地に合わせて優しい色合いでまとめました。

小さい額

作り方●78ページ

一輪の花なら簡単にできます。

光沢のあるリボンで花を作ると、
小さくてもかれんな印象に。

茎の曲がり具合はセルティックで表現。

額絵●藍と更紗のフラワーバスケット

作り方●79ページ

伝統的な
ボルチモアキルトの
パターンを、
日本の古布で
シックにまとめました。

ルーシングとセルティックの基礎

バイアスの布を使った新しいタイプの手芸です。
縫い縮めて立体感のある形にまとめるのがルーシング、細くループ状にしてラインを構成するのがセルティックです。
従来のアプリケやキルティングとの相性もバツグンです。

あると便利な道具

バイアステープ作りに便利な道具

①**カッティングボード**　カッターで布を裁断するときの台。マス目があると寸法や布目の曲がりをチェックするのに便利　②**ロータリーカッター**　布を裁断するときに使用。はさみよりズレが少ない　③**テープメーカー**（2.5㎝幅）　④**テープメーカー**（1.2㎝幅）　広幅のバイアステープの両縁を折り、均一の幅に仕上げる器具　⑤**目打ち**　テープメーカーにバイアステープを送り込むときなどに使用　⑥**つげの棒**　細幅のバイアスループを作るときに使用　⑦**ステンレスプレスバー**　ステンレス製の平板。バイアスループの縫い代を始末するときに使用　⑧**5㎝幅の定規**　目盛りつきが便利。ルーシング用の5㎝幅のバイアステープを作るときに便利

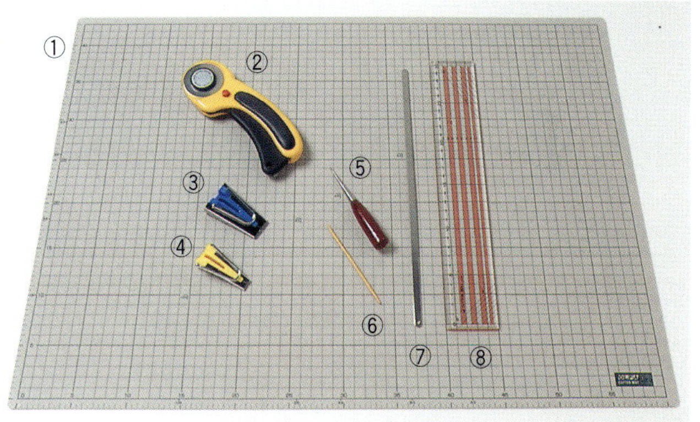

形作りに便利な道具

①**小さな電気ごて**　アプリケ布の形を整えるときなどに　②**ルーシングフラワー・アップリケプレート**　ルーシングフラワーA～Dタイプの花の縫い方目盛りや各種のアプリケパターンつき定規　③**ルレット**　図案を写すときなどに　④**コンパス**　円形の布を裁つときの印つけに　⑤**鉛筆**　定着剤の入っていないタイプのもの。跡が残りにくいので布への印つけや図案写しに　⑥**熱に強いパターンシート**　⑦**フリーザーペーパー**　⑧**スプレーのり**　形を保持するために、バイアス布やアプリケ布に一吹きしてからアイロンをする

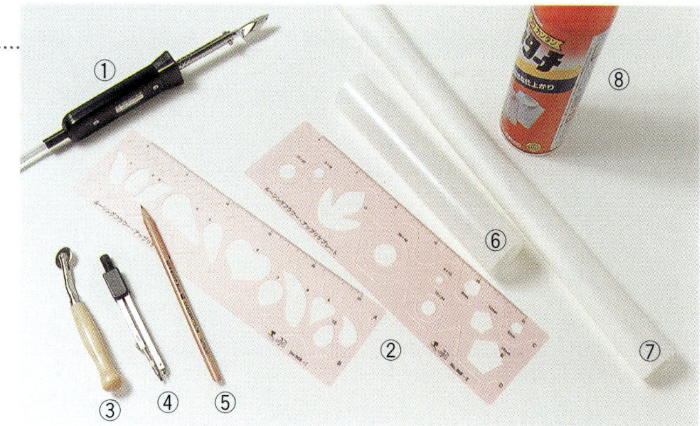

その他

①**紙切り用はさみ**　②**布切り用はさみ**　はっきり区別して使用すること。いずれも先端のとがったものが使いやすい　③**しつけ用の長針**　④**まつり縫い用の針**　細くてしなやか。アプリケ用に便利　⑤**キルティング用針**　キルティングに便利な短い針　⑥**待ち針**　⑦**ポリエステル手縫い糸**　50～60番程度のもの。布地に合わせた色。地縫い、アプリケ、キルティングなどに使用　⑧**しつけ糸**

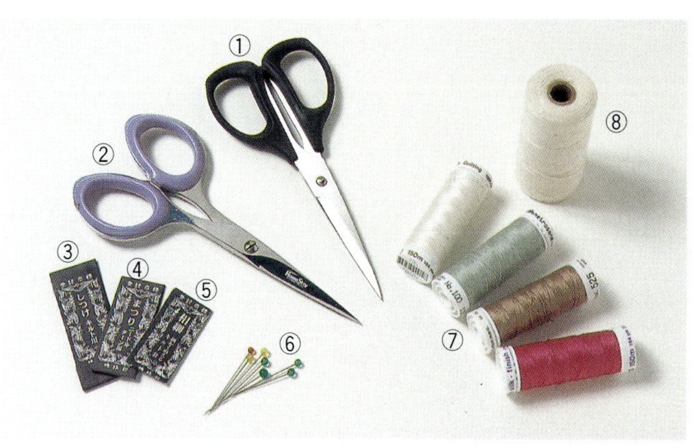

バイアステープの作り方

ルーシングとセルティック手芸の主役は、バイアス（布目に対して斜め）に裁った布、バイアステープです。
45度の正バイアスが基本ですが、60度ぐらいのスコバイ（少しバイアス）を使うこともあります。

1 布の裏面を上にして置き、縦の布端を45度折り上げて横の布端に合わせ、折り目をつける。

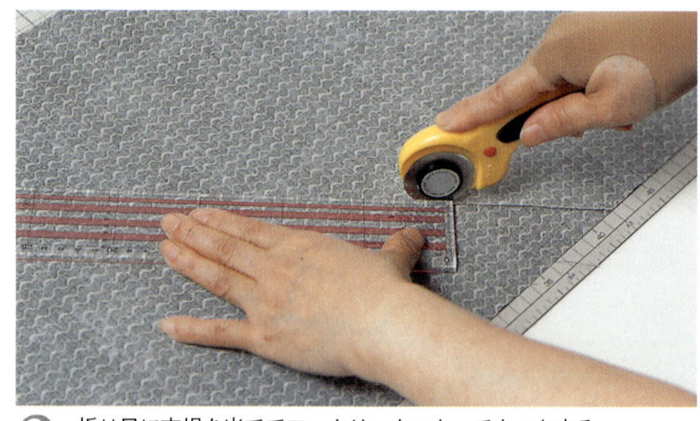

2 折り目に定規を当ててロータリーカッターでカットする。

3 カットした布端に定規の片側を合わせ、もう片側に沿ってカットする。

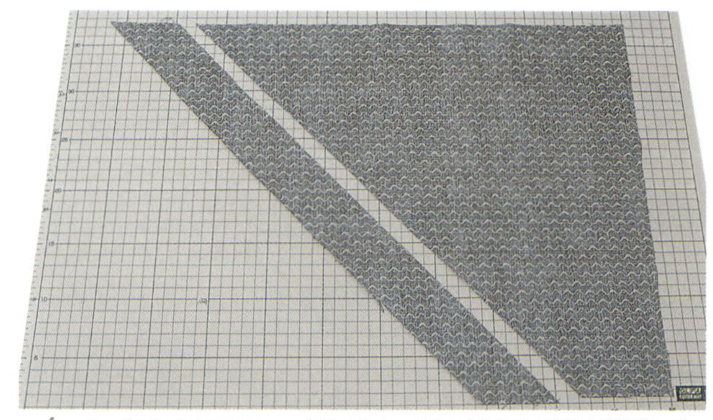

4 5cm幅のバイアステープができた。幅は定規の目盛りを利用して適宜に調節する。

両縁の布端を折るとき

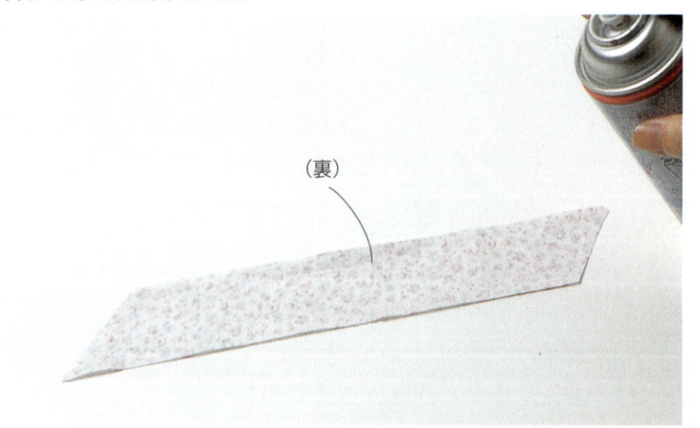

1 スプレーのりを一吹きする。

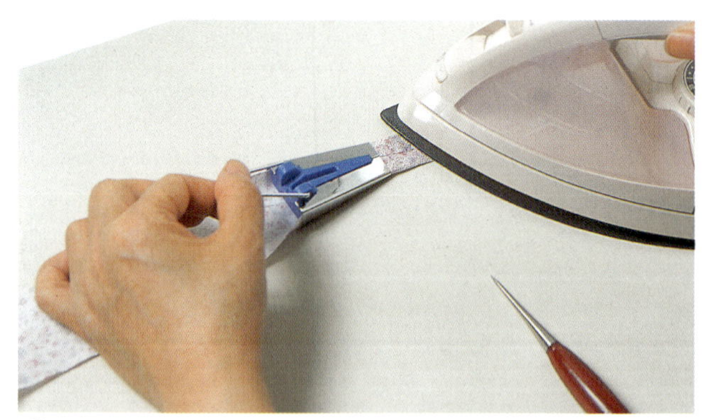

2 テープメーカーに通し、アイロンをかけて折り目を押さえる。

花の作り方

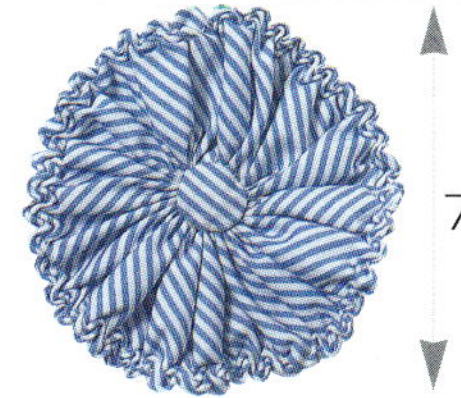

バイアステープを使って

Aタイプの花

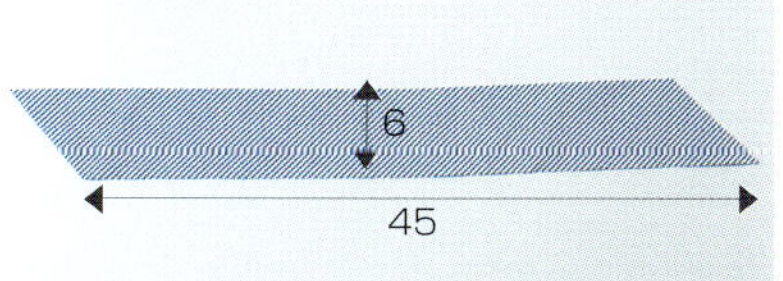

1 6㎝幅×45㎝のバイアステープを使用。

2 片側を1.2㎝幅に折り、下の図を参照して（ルーシングフラワー・アップリケプレートを使用しても可）印をつける。もう片側の3㎜内側に線を引く。

3 糸1本どりで、印から印をたどり3㎜ぐらいの針目でジグザグに縫う。

4 縮めながら縫う。縮め具合は表から見て糸目が見えない程度。縮めるときは針ではなく糸を持って引っ張ること。

5 縫い縮めを整え玉止めをして糸を切る。

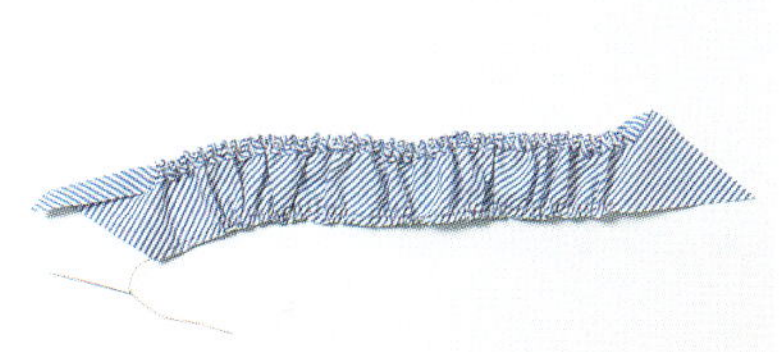

6 反対側の印線上を3㎜ぐらいの針目で縫う。

7 しっかりと引いてしぼり、玉止めをして糸を切る。

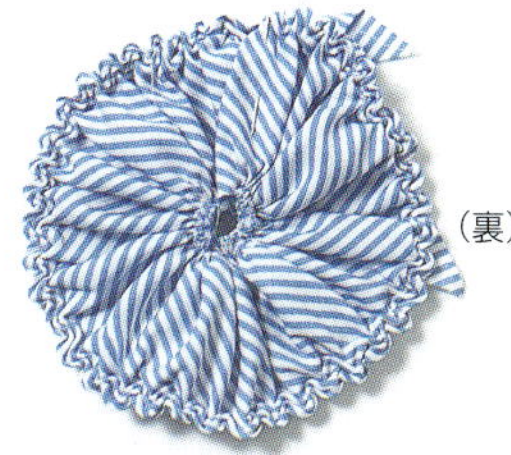

8 布端を折って重ね、待ち針で止める。

9 裏に返し、布端を縫い合わせて布端の余分をカットする。

10 しんを作る。直径3㎝の円の周囲をぐし縫いし、直径1.5㎝のパターンを入れて引きしぼる。スプレーのりをかけアイロンで形を整えてからパターンを取り除く。

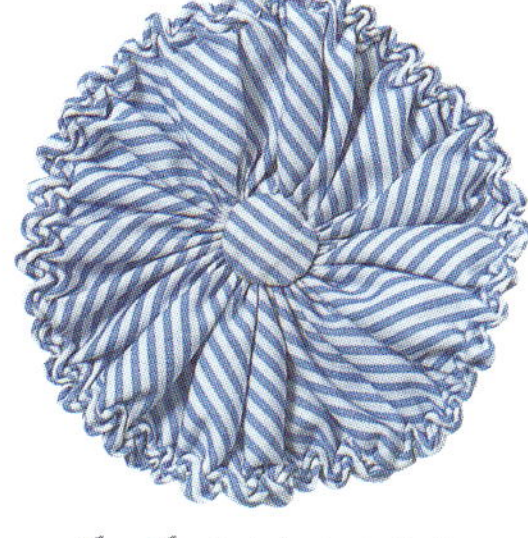

11 中央にしんをまつりつけて出来上がり。

Aタイプの縫い方（実物大）

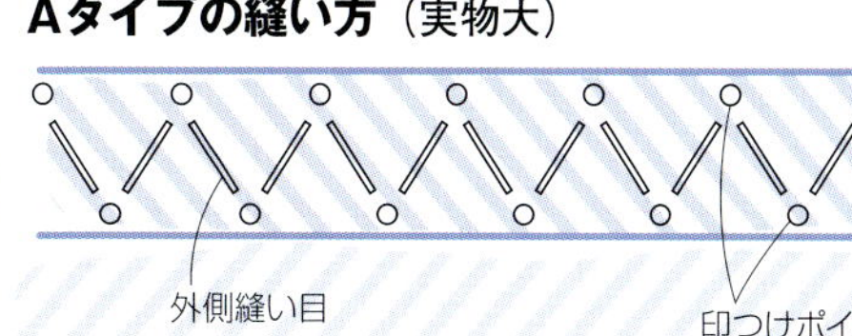

5cm

Bタイプの花

1 2.5cm幅×55cmのバイアステープを使用。

2 スプレーのりを一吹きし、テープメーカーを使って1.2cm幅に折る。下の図を参照して印をつける。

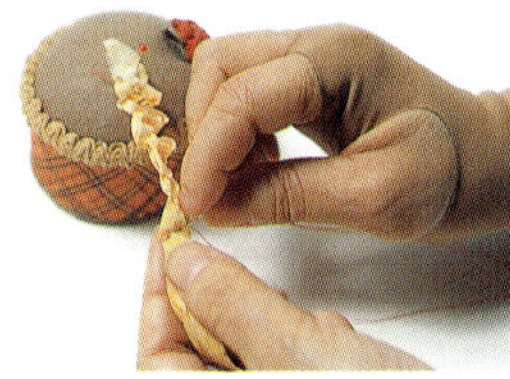

3 1本どりの糸、3mmぐらいの針目で印をたどってジグザグに縫う。端を針山に止めておくと縫いやすい。

4 7～8cmごとに縮めながら縫い進む。縮め具合は表から見て糸目が見えない程度。

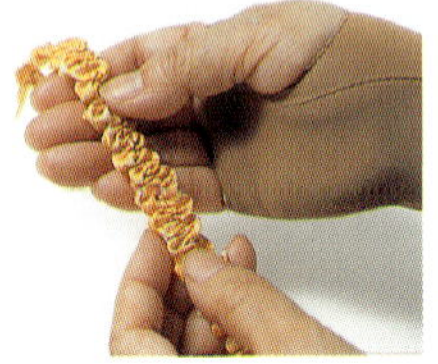

5 縫い終わったら表から見て形を整え、玉止めをする。糸はそのまま残す。

6 残した糸で、手前の花びらから1針ずつすくう。針は下から上へ出す。

7 6弁（6山）すくったら始めに戻る。

8 糸を引き締めて玉止めをする。

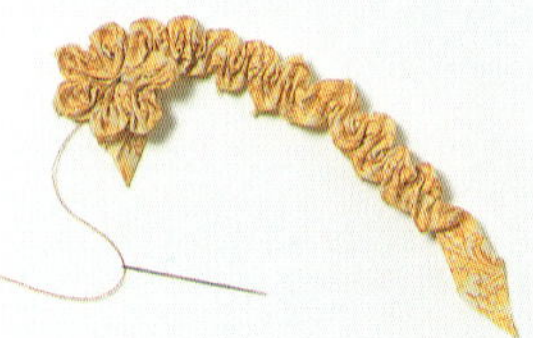

9 6弁の花ができた。

10 「の」の字を書くように残りの花弁を下へ回す。

11 回しながら、内側の花弁を1針ずつすくって縫い止める。最後まで繰り返す。

12 端を始末して出来上がり。

裏側

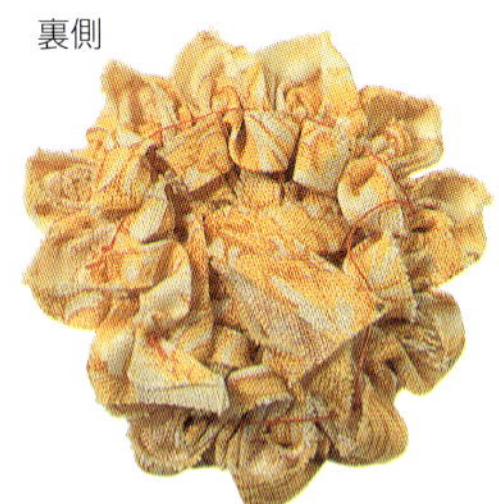

Bタイプ　一重の花（6弁の花）

1.2cm幅（三つ折り）×23cmのバイアステープで6弁分の印をつけてジグザグに縫い、6～9の要領でまとめる。

バイアステープを追加するとき

テープ状のときにはつながない。縫い縮めてからまとめる段階で追加するとスムーズ。

Bタイプの縫い方（実物大）

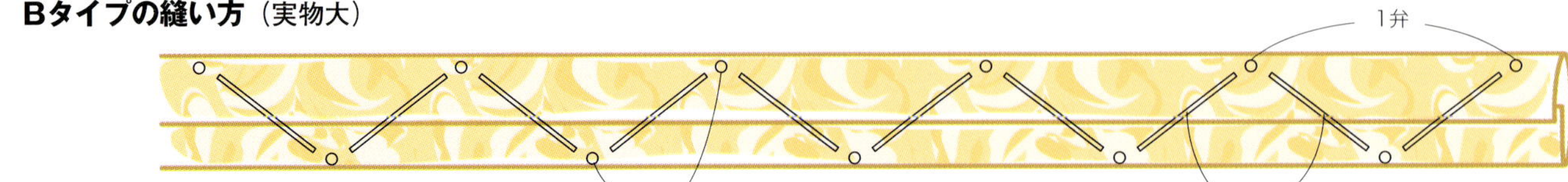

5.5cm

Cタイプの花

1 5cm幅×35cmのバイアステープを使用。

2 スプレーのりを一吹きし、テープメーカーで2.5cm幅に折る。下の図を参照して6弁分の印をつける。

3 1本どりの糸、3mmぐらいの針目で印どおりに縫う。縮めながら縫うとよい。最後に一気に縮めるのは難しい。縮め具合は表から見て糸目が見えない程度。

4 6弁分を縫ったら玉止めをして糸を切る。

5 花の形にまとめ、テープの両端を2～3針縫い止める。

6 裏に返してテープの両端を縫い合わせる。

7 中心の花弁を1弁ずつ下から上に1針ずつすくい、最初の花弁に戻って引きしぼる。

8 出来上がり（表側）。

9 裏側。布端の余分はカットする。

Cタイプの縫い方（実物大）

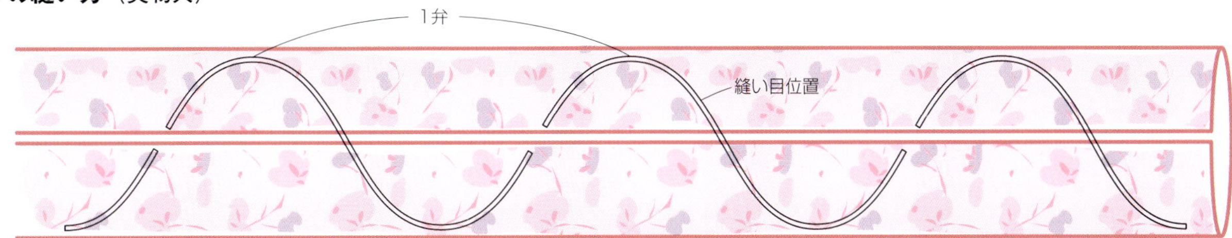

6cm

Dタイプの花

1 5㎝幅×32㎝のバイアステープを使用。

2 スプレーのりを一吹きし、テープメーカーを使って2.5㎝幅に折る。下の図を参照して5弁分の印をつける。

3 1本どりの糸、3㎜ぐらいの針目で印どおりに縫う。1弁ごとに縮めながら縫う。

4 最後の花弁はきゅっとしぼって玉止めをし、糸を切る。

5 縫い始めと縫い終わりの玉止めのところをすくって（2回繰り返す）引き締め、輪にする。中心側の花弁を1弁ずつすくって縫い止める。

6 余分の布端をカットする。

7 出来上がり。

変わりDタイプの花

バイアステープを二つ折りにし、花弁部分はDタイプと同寸、間隔を狭くして縫い縮める。中心部分にしん布などを重ねる。4弁にするときは4弁分を縫う。

テンプレートの使い方

バイアステープの裏側に当て、鉛筆などで印をつける。

Dタイプの縫い方（実物大）

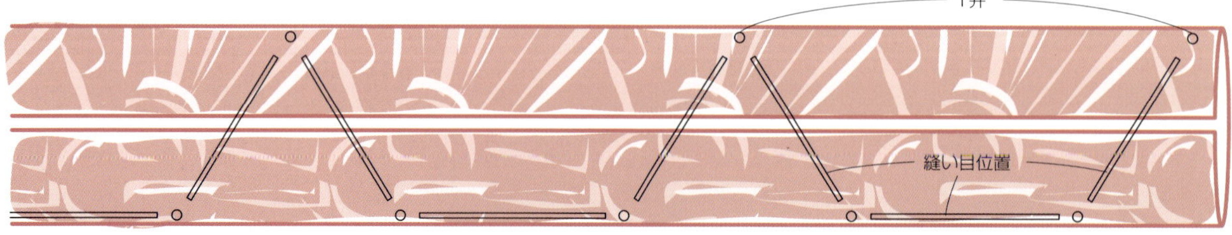

その他の花

円形の花A（ヨーヨーキルト風）

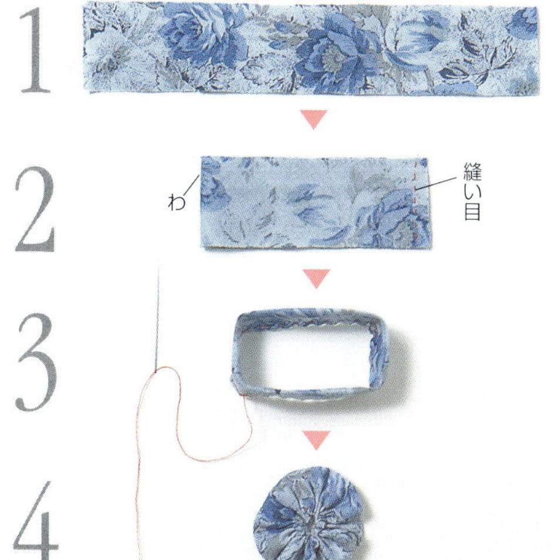

1 3cm幅×17cmのバイアステープを使用。

2 中表に折って端を縫い、輪にする。

3 外表に幅を二つ折りに折り、布端側を2枚一緒に3mmぐらいの針目で縫う。

4 引きしぼって縮め、玉止めをして糸を切る。

円形の花B

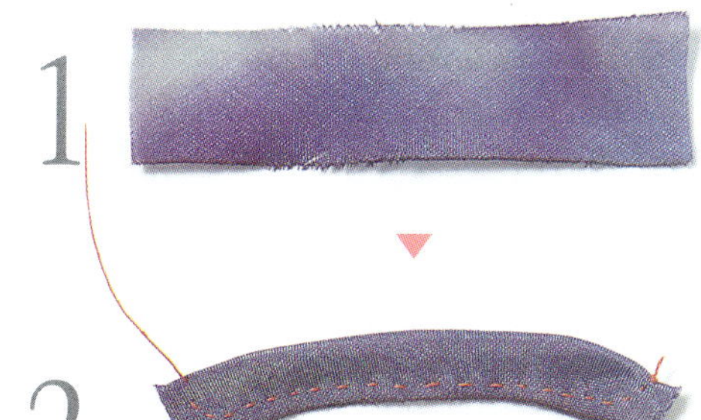

1 1.5cm幅×6cmのシフォンバイアスリボンを使用。

2 外表に二つ折りにし、写真のように縫う。

3 引きしぼって玉止めをし、片方の布端を折って重ねて縫い止め、余分の布端をカットする。

稲穂

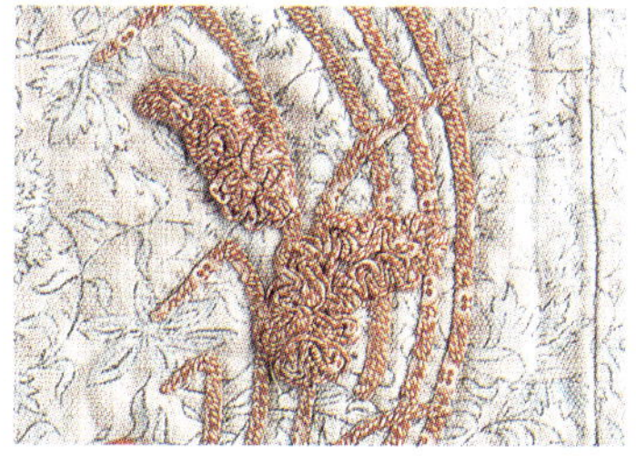

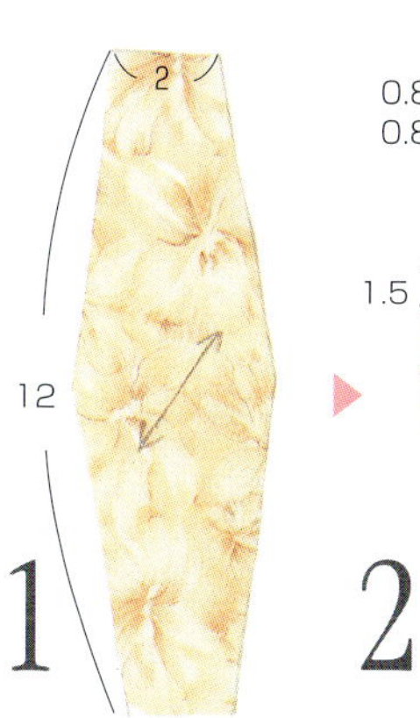

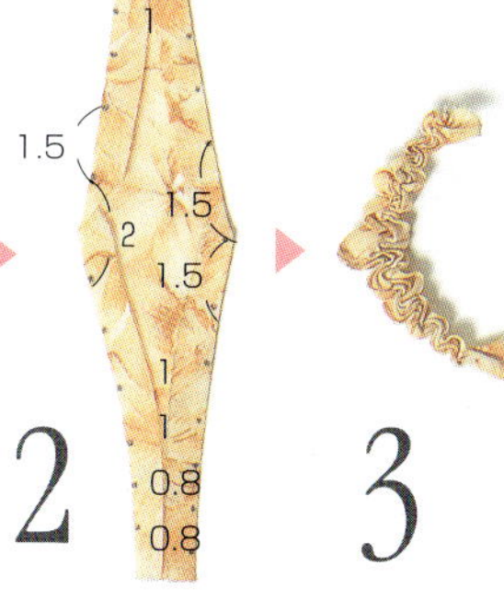

1 写真の大きさにバイアスで裁つ。

2 両側を8mmずつ折り、中央は広く、端に向かって順々に間隔を狭めて印をつける。

3 3mmぐらいの針目でジグザグに縫って縮める。

円形の布を使って

A 4弁の花

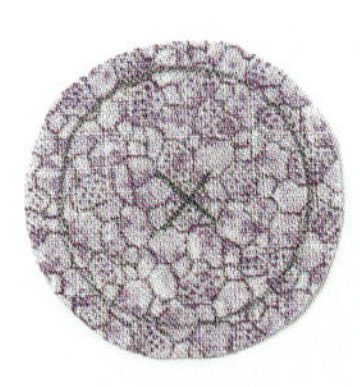

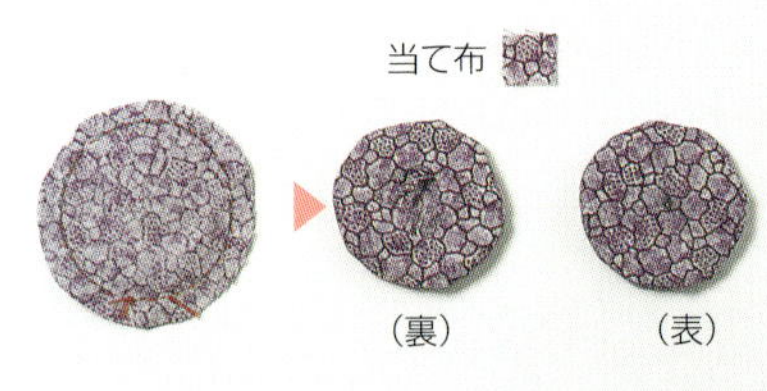

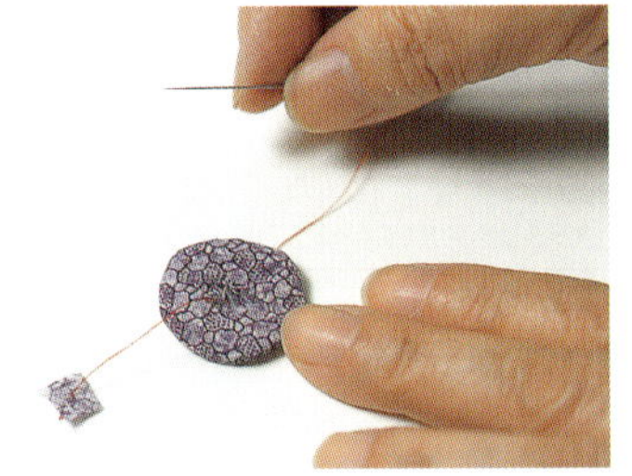

1 直径3.8cm（3cm＋縫い代0.4cm）の円形の布を2枚使用。1枚のみ四つ折りにして中心に×印をつけ、1×1cmぐらいに切り込み。

2 2枚を中表に合わせて周囲を縫い、切り込み部分から表に返し、表面の中心に印をつける。7mm角の当て布を用意する。

3 当て布に糸を通し、続けて切り込みから表面に針を出す（当て布は内側に残る）。

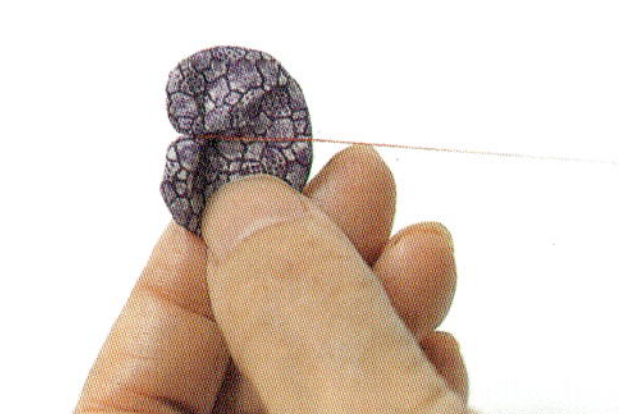

4 外回りの4等分の位置に印をつけ、中心から出ている糸を裏に回し、つけた印を通過するように整えて、裏から表中心に針を出す。

5 ぎゅっと引き締める。

6 同じ要領で反対側を縮め、次に残りの2点を縮める。4弁の花の出来上がり。

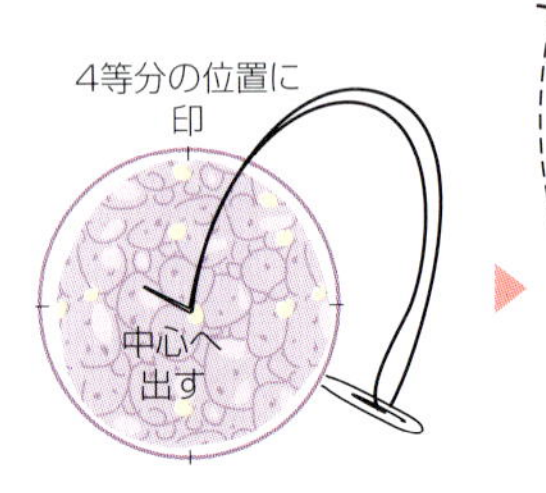

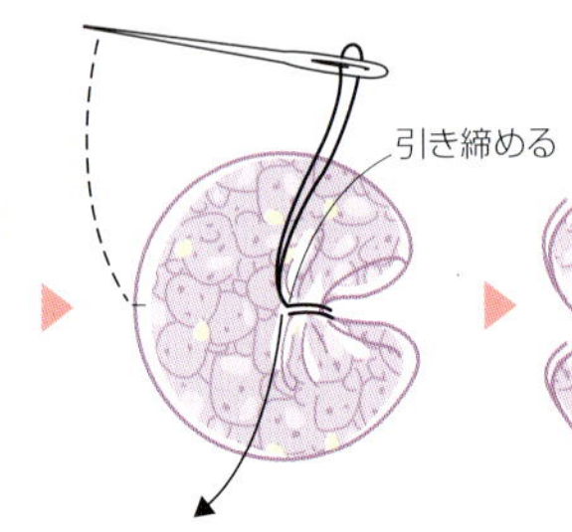

B 5弁の花

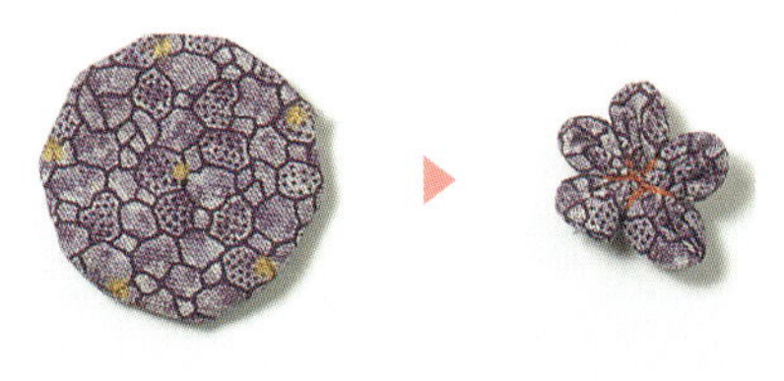

外回りの5等分の位置に印をつけ、同様に作ると5弁の花ができる。

C ボリュームのある円形の花

1 直径10cmの円形の布を使用。周囲をぐし縫いし、直径8cmのパターンをしんにして縮め、アイロンで形作りし、パターンを取り出す。

2 縫い代部分に、1cm間隔ぐらいで山形に3mmぐらいの針目で縫う。糸目が見えない程度に縮めながら縫う。

3 縫い終わったら玉止めをする。

4 真上から押さえて形を整え、ピンで押さえて縫い止める。

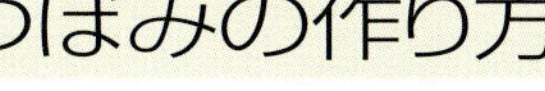

つぼみの作り方

A 円形の布を使って

1 直径４㎝の布を使用。

2 外表に二つ折りにし、布端側を２枚一緒にぐし縫い。

3 引きしぼって玉止めをし、糸を切る。

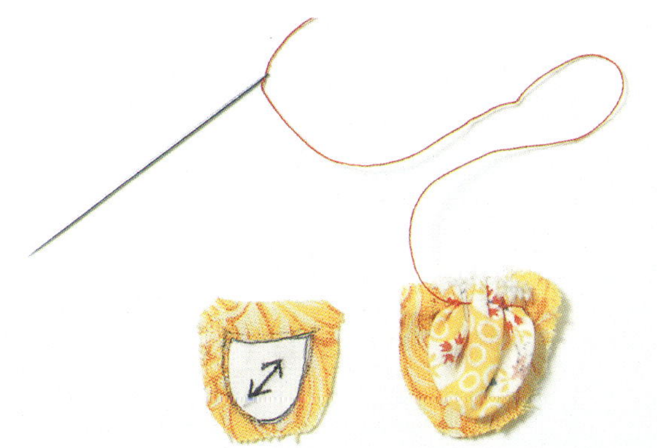

4 がくを写し、がくと中表に合わせて縫いつける。

5 つぼみを表に返し、がくの周囲を折って位置にまつりつける。がくの周りはぐし縫いをして少ししぼるとまつりやすい。

B バイアステープを使って

1 2.5cm幅×6cmのバイアステープを使用。テープメーカーを使って1.2cm幅に折り、Aタイプの縫い方で3弁分を縫う。

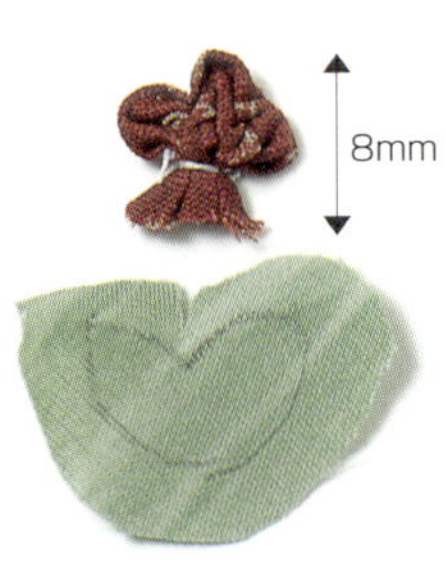

2 引きしぼり、根元を糸で巻く。がくを重ねてまつりつける。

長さ12cmのバイアステープを使い、Bタイプの縫い方で縫うと大きいつぼみができる。

C 正方形の布を使って（模様を生かす方法）

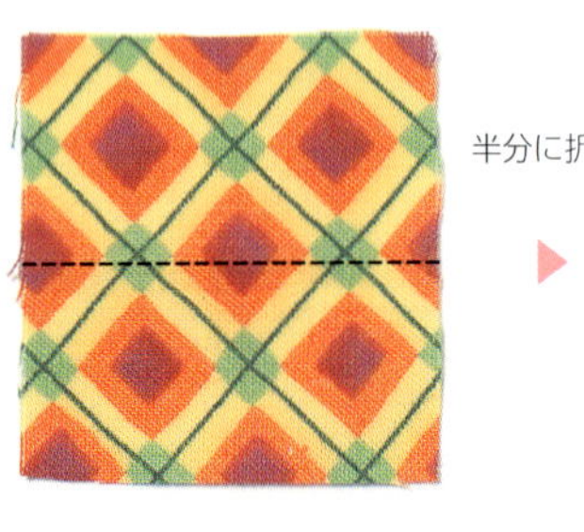

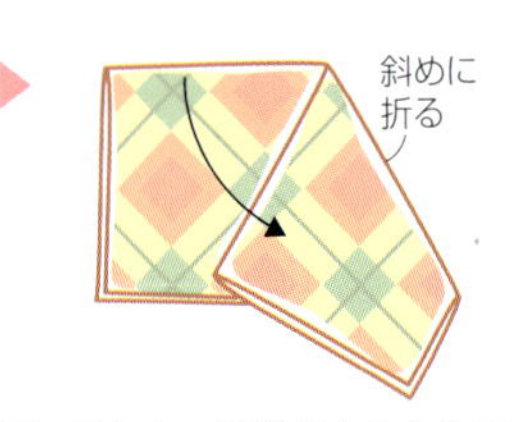

1 4.5cm角の布を使用。つぼみの先端に出したい模様が布の中央になるように裁つ。外表に二つ折りにし、着物のえりを合わせるように斜めに折る

2 布端側をぐし縫いをして縮め、がくを重ねてまつりつける。
※葉として使っても可。

D 正方形の布を使って（無地風の布の場合）

1 5cm角の布を使用。外表に二つ折りにし、さらに左右から斜めに折って二等辺三角形にする。布端側を縫う。

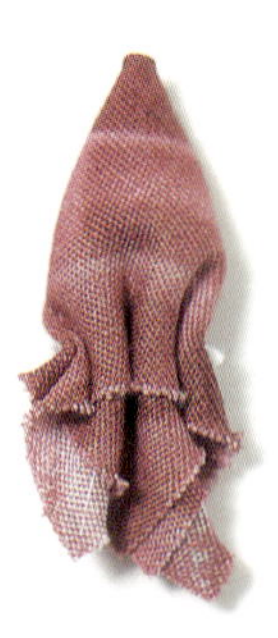

2 縮めて出来上がり。がくを重ねてまつりつける。
※葉として使っても可。

葉の作り方3種

バイアスのシフォンリボンを使って

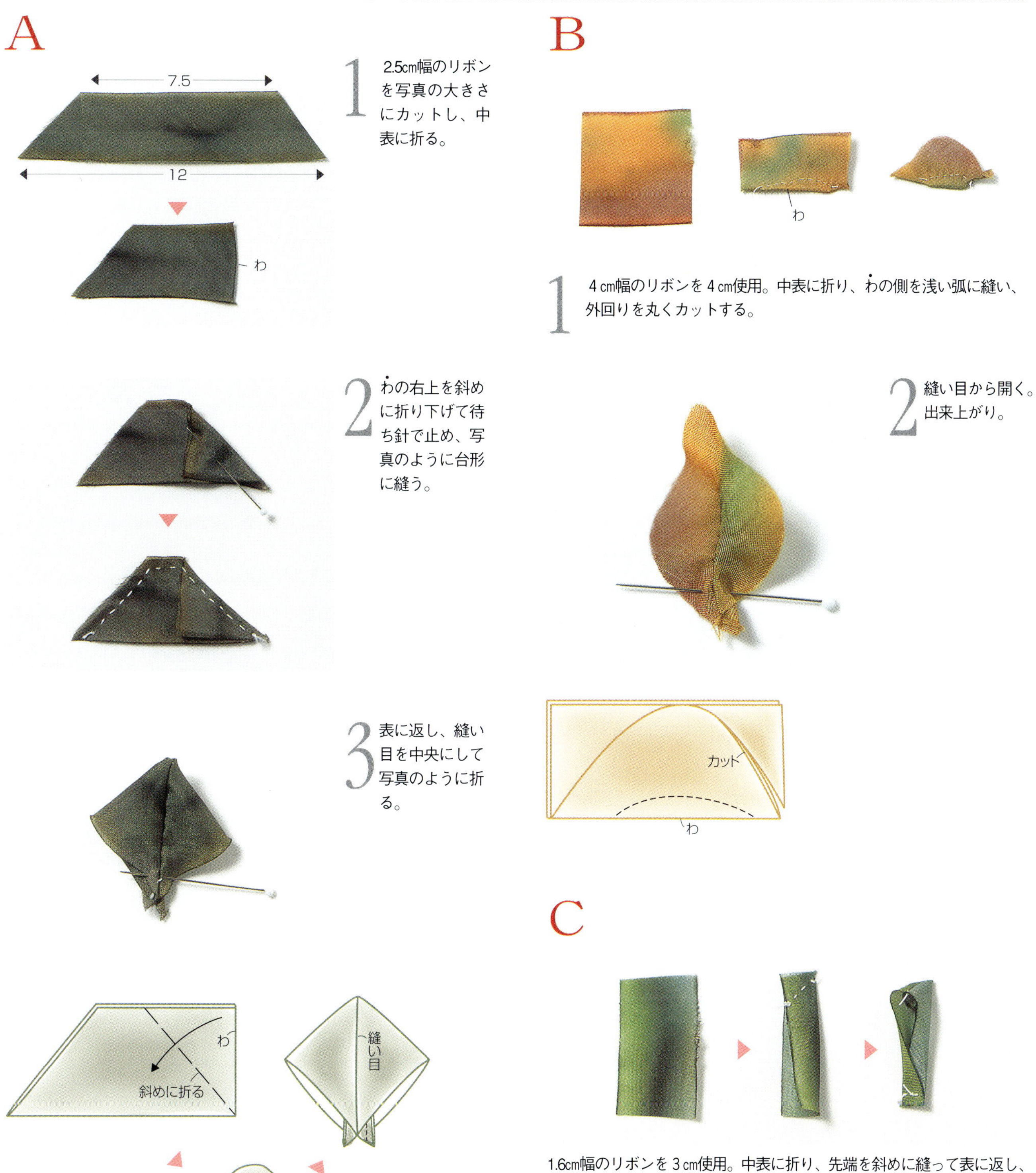

A

1 2.5cm幅のリボンを写真の大きさにカットし、中表に折る。

2 わの右上を斜めに折り下げて待ち針で止め、写真のように台形に縫う。

3 表に返し、縫い目を中央にして写真のように折る。

B

1 4cm幅のリボンを4cm使用。中表に折り、わの側を浅い弧に縫い、外回りを丸くカットする。

2 縫い目から開く。出来上がり。

C

1.6cm幅のリボンを3cm使用。中表に折り、先端を斜めに縫って表に返し、根元側を重ねて縫い止める。

A 単独のラインを構成するとき……直づけ

1 2.5cm幅（セルティックの幅（5mm）×2＋縫い代（1.5cm）のバイアステープを使用。外表に二つ折りにし、わの方からセルティックの幅分内側を縫う。

2 縫い代をセルティック幅より狭くカットする。

3 バイアステープを縫い代側に倒し、写真を参照してバイアステープをはさみ込むように待ち針で止める。バイアステープに待ち針は止めない。

4 縫い代をくるむように、バイアステープのわの部分をまつりつける。

B 直線をメッシュにする方法……広幅のセルティック

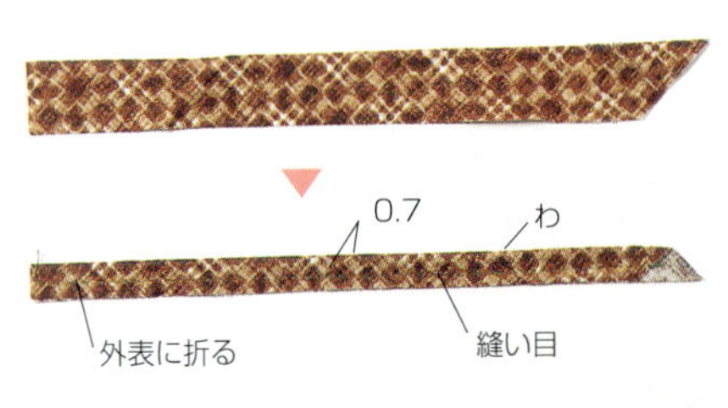

1 2.5cm幅（セルティックの幅（7mm）×2＋縫い代（1.1cm）のバイアステープを使用。外表に二つ折りにし、セルティックの幅に縫う。

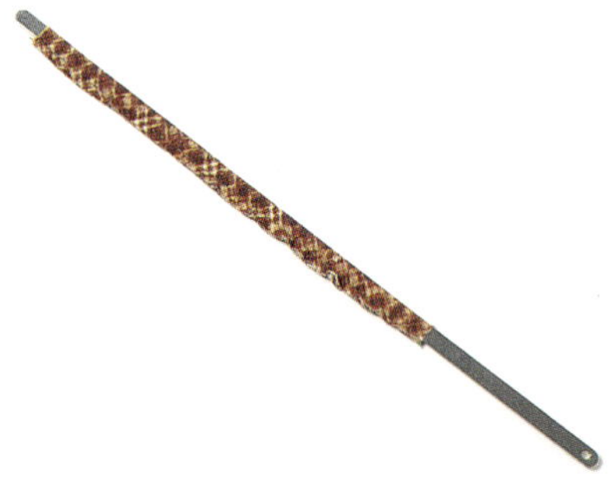

2 ステンレスプレスバーを中に通す。

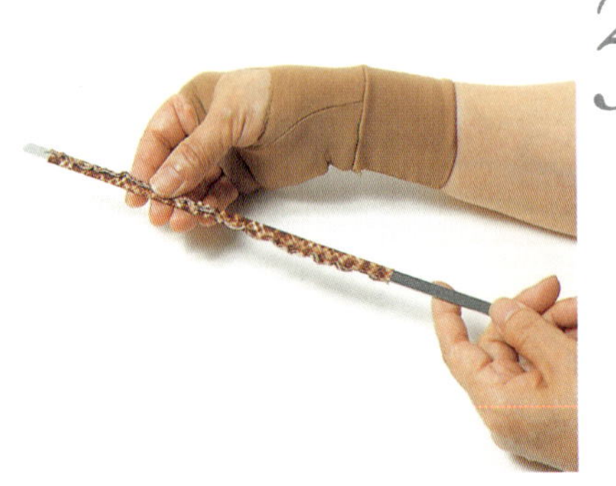

3 縫い目がバーの中央にのるようにずらし、バーからはみ出した縫い代はカットしておく。

4 縫い目をずらしたらスプレーのりを一吹きする。

5 縫い代を片側に倒してアイロンで押さえ、バーを抜く。

6 必要な寸法にカットし、図案に合わせてメッシュに組む。
※手縫いの場合は必要寸法にカットしてから縫う。

C 曲線をメッシュにする方法……細幅のセルティック

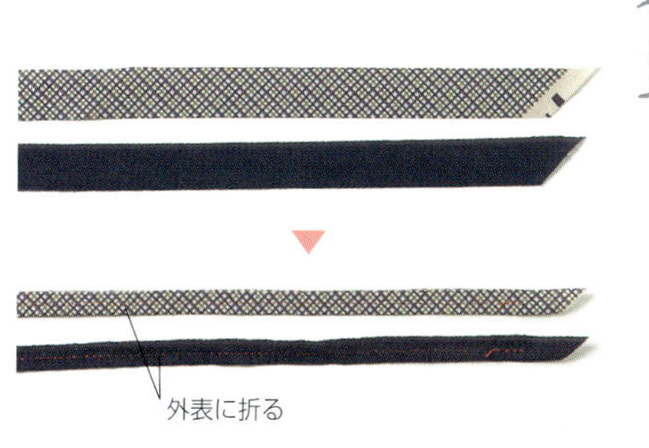

1 2.5cm幅（セルティック幅（5mm）×2＋縫い代（1.5cm）のバイアステープを2種類使用する。それぞれ外表に二つ折りにし、わの方からセルティックの幅に縫う。

2 縫い代をセルティックの幅より細くカットし、つげの棒（編み棒などでも可）を中に通す。

3 指先でしごくようにして縫い代を片側に折る。

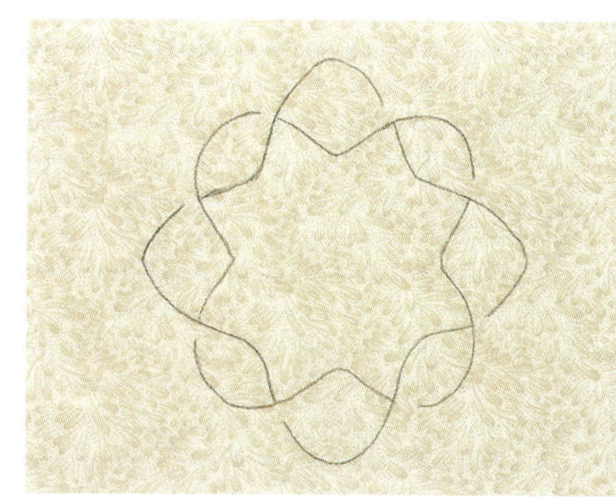

4 土台布に図案を写す。

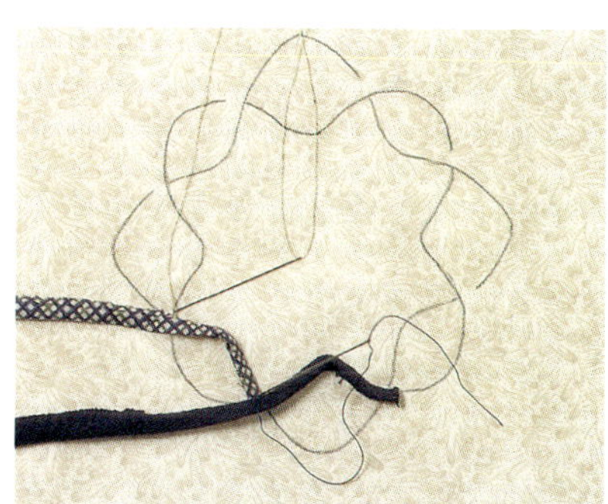

5 テープの縫い目側を図案の内側にし、2種類同時にスタートする。スタートはもう一方のテープに隠れる部分から。要所で上下をかえながら図案に沿ってまつる。

6 縫い終わりは、もう一方のテープの下に隠れる部分でカット。

7 テープの外側をまつりつけて出来上がり。

図案のまとめ方とアプリケの縫い方……ニードルターンの方法で

1 図案を半透明の不織布に写し、土台布の上部にしつけで縫い止める。

2 メインになる茎部分をルレットで土台布に写す。

3 ルレットの印を鉛筆などでかき起こす。

4 葉はフリーザーペーパーで型紙を作り、布地の表面にアイロンで接着し、縫い代をつけてカットする。

5 土台布に葉を置き、不織布を重ねて確かめながら位置を決める。

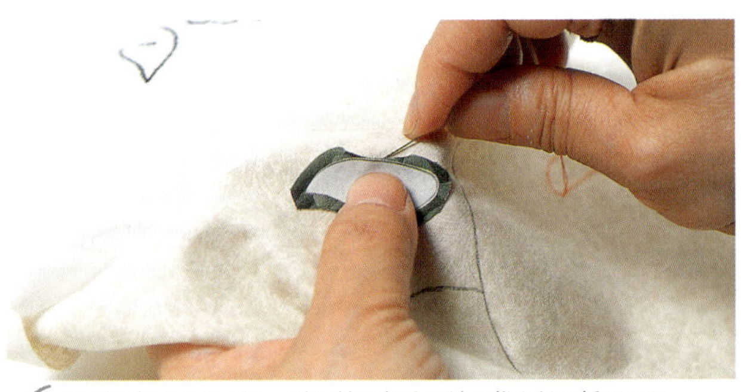

6 左手で押さえながら、縫い始め部分の縫い代を針で折りこむ。

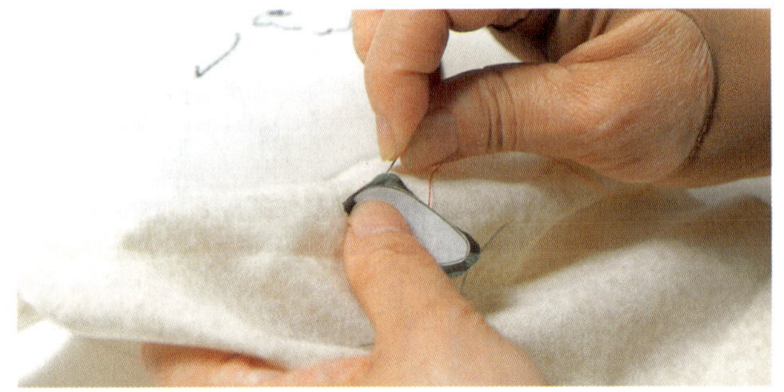

7 縫い始めを2～3針縫ったら、次は葉の先端部分の縫い代を折って左手で押さえる。

8 写真を参照し、アプリケ布をはさむように待ち針を止める。

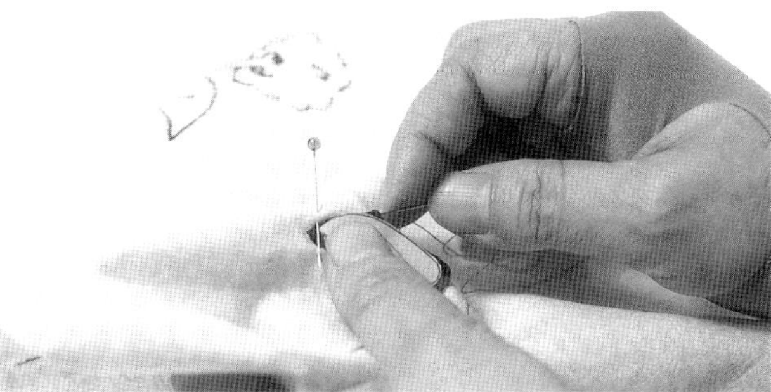

9 待ち針で止めたところから手前にかけて針先でなでるようにして縫い代を折り込む。これがニードルターンのテクニック。細くて長いしなやかな針がやりやすい。

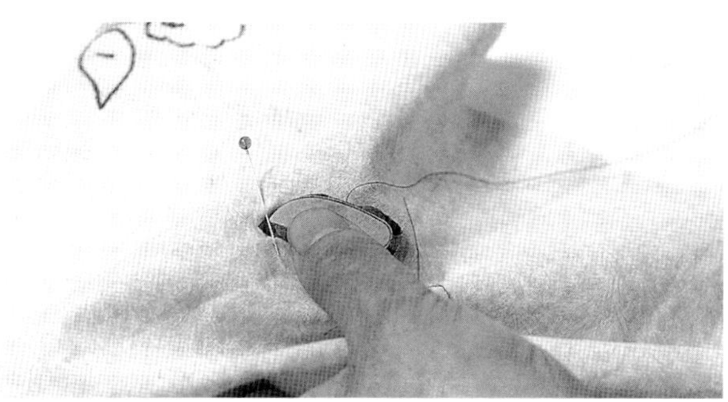

10 細かい針目でまつりつける。

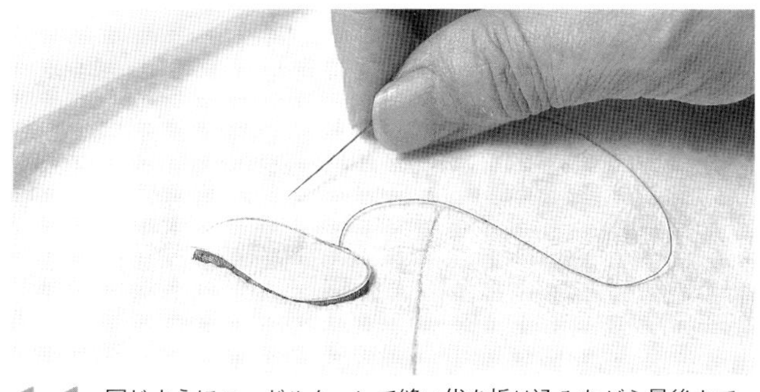

11 同じようにニードルターンで縫い代を折り込みながら最後までまつる。

12 フリーザーペーパーのパターンを取り除く。パターンは2〜3回使用可能。

13 葉のアプリケの出来上がり。

14 同じ要領で他の葉もアプリケし、茎を直づけの方法（46ページ参照）で縫いつける。

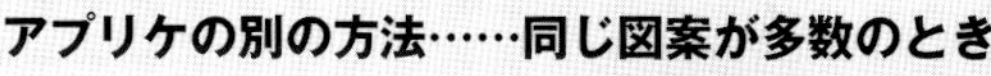

アプリケの別の方法……同じ図案が多数のとき

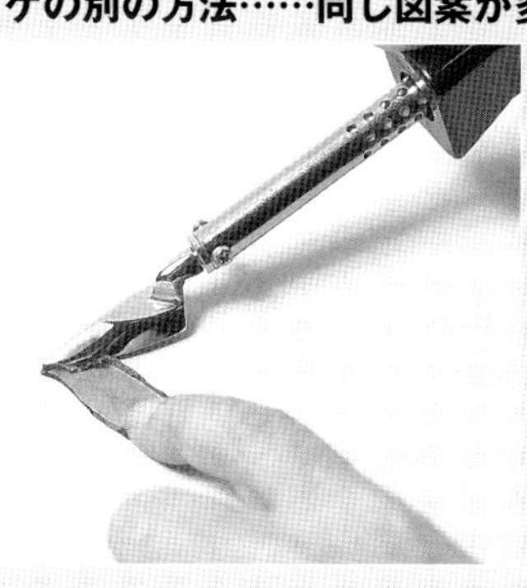

パターンを布の裏面に当て、縫い代をあらかじめ折っておいて、位置にまつりつける。縫い代を折るときはアイロンで縫い代を立てておき、次に折り込むとやりやすい。縫い代が多いと角ができる。

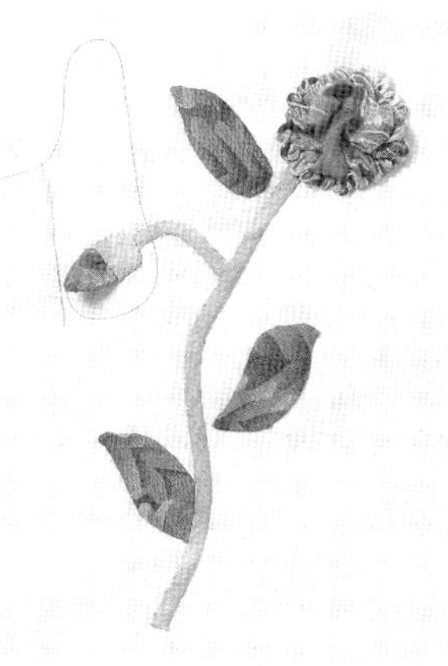

15 最後に花、つぼみなどを位置に置き、周囲をまつりつける。

しん入りロープ（布ループ）の作り方

携帯電話ケースやバッグなどの
持ち手に使われるしん入りロープの作り方です。
ロープの太さは本体の大きさに合わせます。
しんにはドミットロール（細幅にカットされた しん布）や
スピンドール（ひも）、毛糸などを使います。クイックターンは
布ループを表に返すと同時に中にしんを通す便利な器具です。

1 しんに使う毛糸とクイックターン。クイックターンはチューブとフックに分けておく。

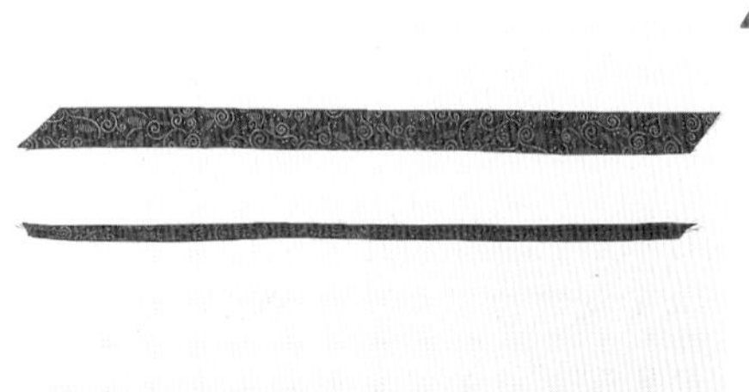

2 バイアステープを中表に折ってミシンをかけ、縫い代をセルティック幅より細くカットする。

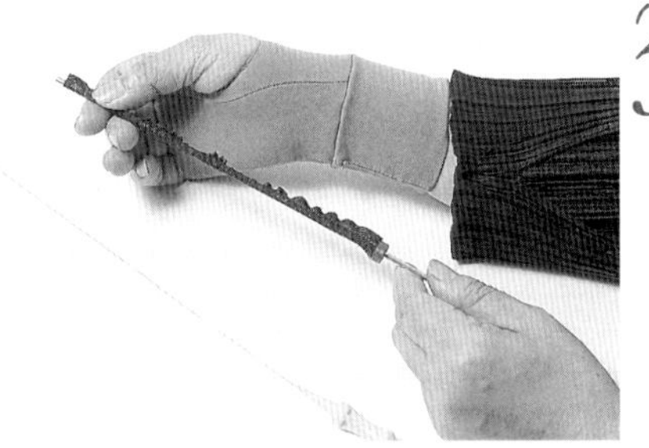

3 まず、クイックターンのチューブを布ループに通す。

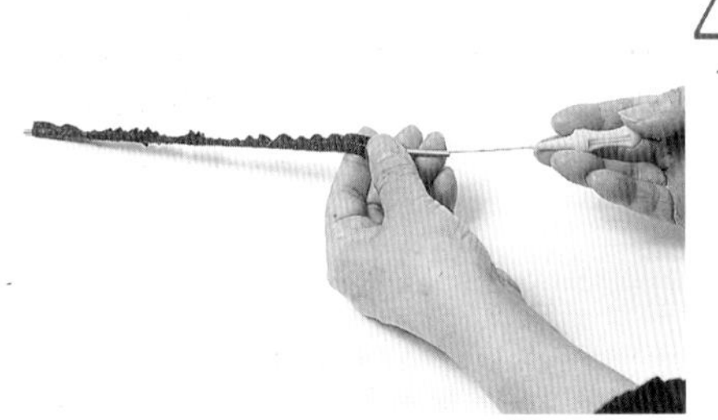

4 フックをチューブの中に差し入れる。

5 先端はフックを右側へ回して布地へ突き通す。

6 フックを手前へ少し引き、先端にしんの毛糸を編み棒などで押し込む。

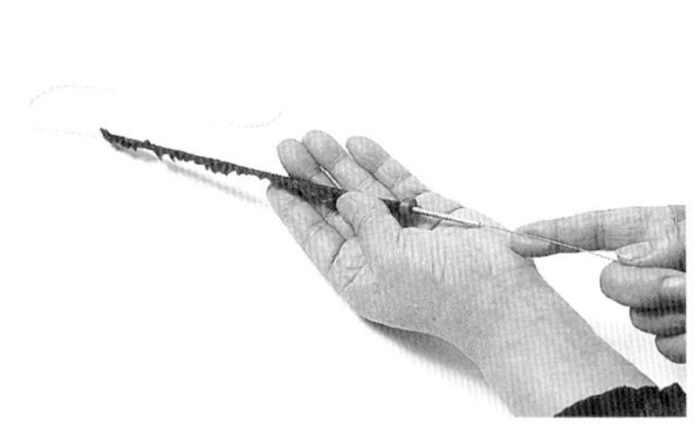

7 フックを手前へ少し引くと布ループが表に返りながら毛糸も中に入っていく。チューブから布ループが出てくるまでフックを引く。

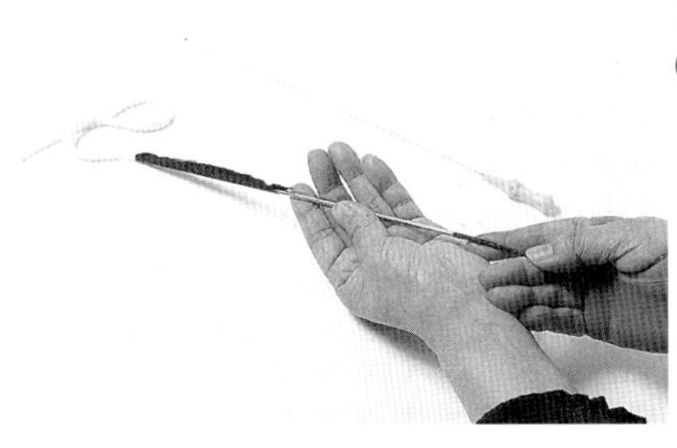

8 手前に布ループが出てきたら、フックをはずし、布ループを持って手前に引く。

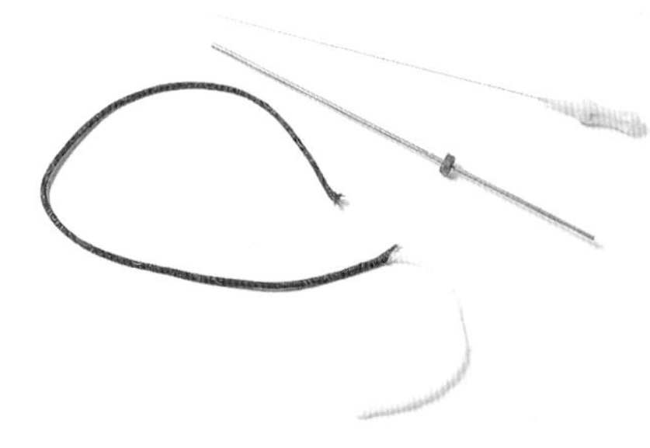

9 布ループが全部表に返った。しん入りロープの出来上がり。

8ページ 洋布のコサージュ

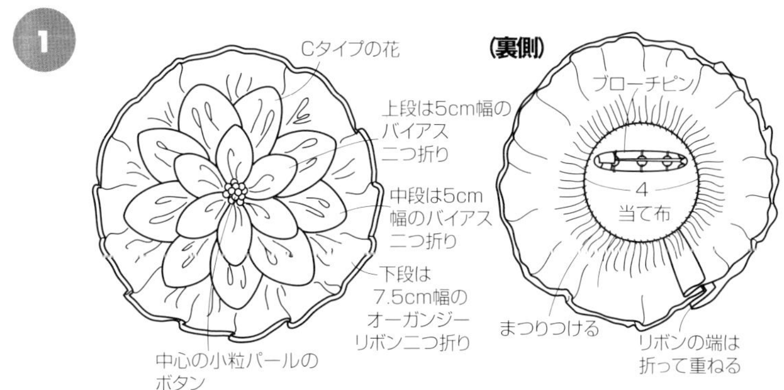

出来上がり寸法　直径 9.5 cm

材料

オーガンジーのギャザーリボン… 7.5 cm幅 35 cm

オーガンジーのバイアス… 5 cm幅　90 cm

オーガンジーの布… 6 × 6 cm(当て布)

小粒パールのボタン…直径 1.5 cm　1 個

ブローチピン… 3 cm　1 個

作り方

●下段はリボンの幅を二つ折りにして折り山の 3 mm内側をぐし縫いして直径が 9.5 cmになるように縮める。

●中段は 57 cm、上段は 33 cmのバイアス布を二つ折りにしてそれぞれCタイプの縫い方(39 ページ参照)で縫う。

● 3 段重ねて花の形にまとめて縫い止め、中心にパールのボタンをつけ、裏側に当て布をまつりつけ、ブローチピンをつける。

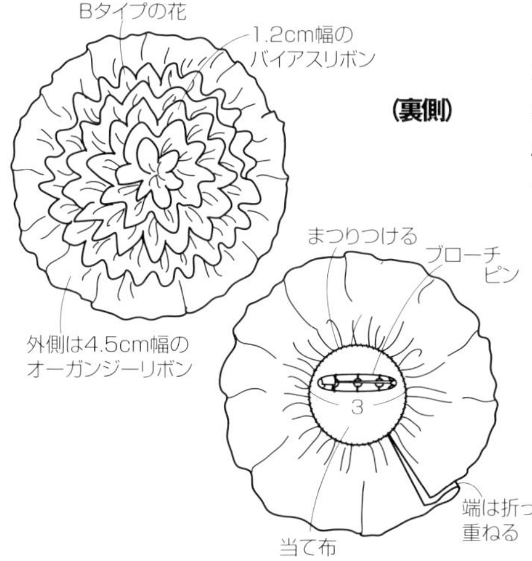

出来上がり寸法　直径 9 cm

材料

オーガンジーのリボン… 4.5 cm幅　30 cm

シルクのバイアスリボン… 1.2 cm幅　150 cm

オーガンジーの布… 5 × 5 cm(当て布)

ブローチピン… 3 cm　1 個

作り方

●オーガンジーのリボンはぐし縫いをして直径が 9 cmになるようにギャザーを寄せる。

●バイアスリボンはBタイプの縫い方(38 ページ参照)で縫い、直径7cmぐらいの花にまとめる。

● 2 つを重ね、裏側に当て布をまつりつけてブローチピンをつける。

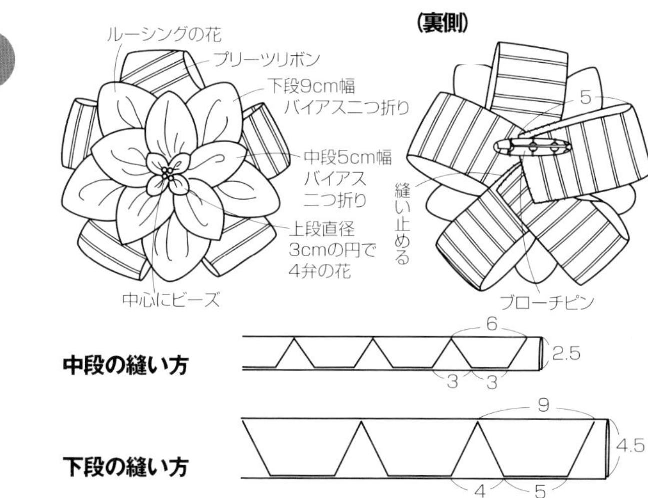

出来上がり寸法　直径 8.5 cm

材料

プリーツリボン… 2.5 cm幅　50 cm

オーガンジーのバイアス… 5 cm幅　32 cm

〃　… 9 cm幅　47 cm

〃　… 5 × 10 cm

ビーズ… 3 mm　4 個

ブローチピン… 3 cm　1 個

作り方

●中段と下段はバイアス布を二つ折りにして図のように縫い縮める。

●上段は 42 ページを参照して作る。

●プリーツリボンは 10 cmずつに切り分ける。

●順々に重ねて図のようにまとめて縫い止める。

10ページ　和布のコサージュ

出来上がり寸法　直径7.5cm
材料
麻のバイアス…10cm幅　32cm
麻布…6×6cm(当て布)
ウッドビーズ…3mm　12個
ブローチピン…3cm　1個
作り方
●バイアス布を図のように4cm幅に折って縫い縮め、5弁の花に形良くまとめる。

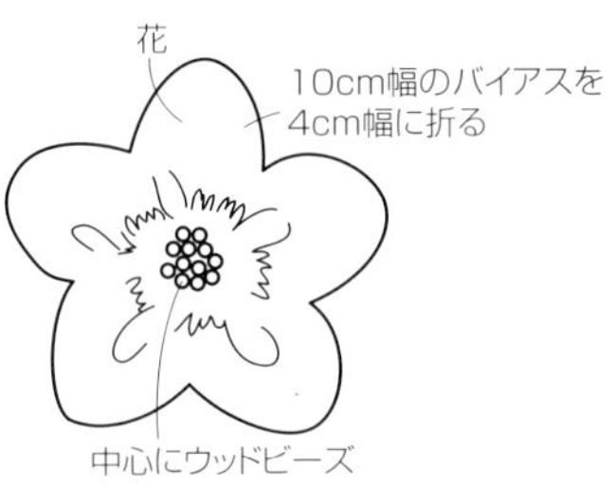

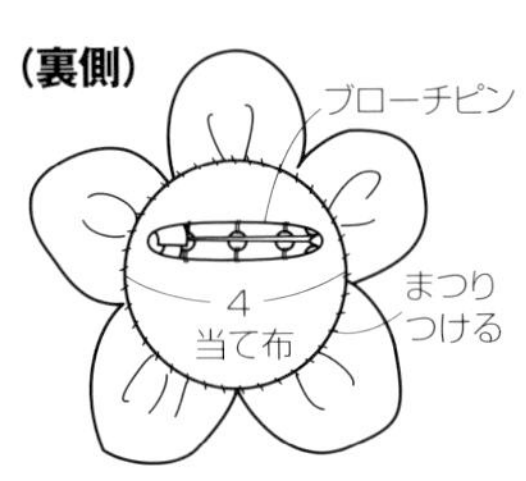

縫い方

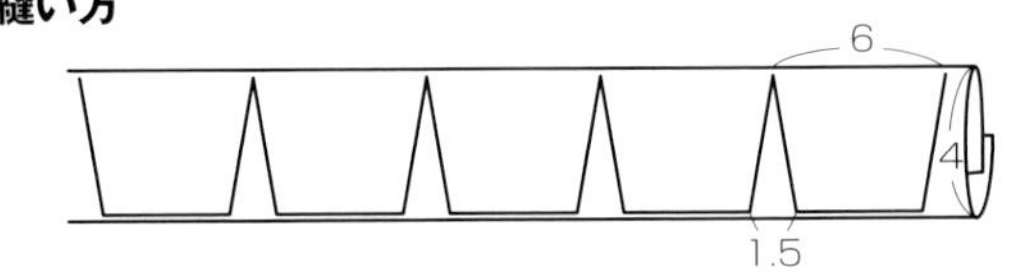

出来上がり寸法　直径10cm
材料
麻のバイアス…5cm幅　79cm
麻布…7×7cm(当て布)
ウッドビーズ…4mm　3個
ブローチピン…3cm　1個
作り方
●下段はバイアス布を47cmにカットし、片側にマニキュアの除光液を塗ってほつれ止めをして図のように縫う。
●上段は残りのバイアス布をテープメーカーで2.5cm幅に折ってDタイプの縫い方(40ページ参照)で縫う。
●裏側に直径5cmの当て布をつける。

下段の縫い方

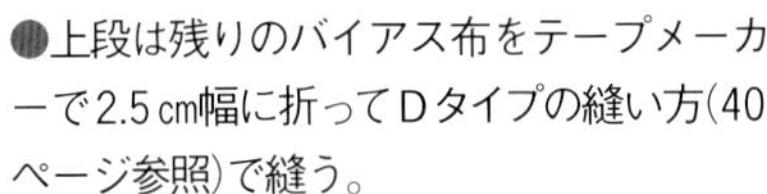

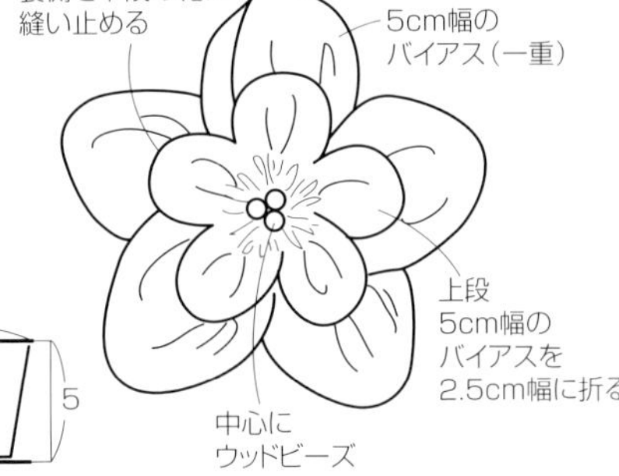

出来上がり寸法　直径7cm
材料
麻のバイアス…10cm幅　32cm
麻布…15×20cm(上・中段の花、当て布)
ウッドビーズ…3mm　4個
ブローチピン…3cm　1個
作り方
●下段は**1**と同じ縫い方で縫い縮め、4弁の花(42ページ参照)を2個重ねてまとめる。
●裏側に直径4cmの当て布をつけ、ブローチピンを縫い止める。

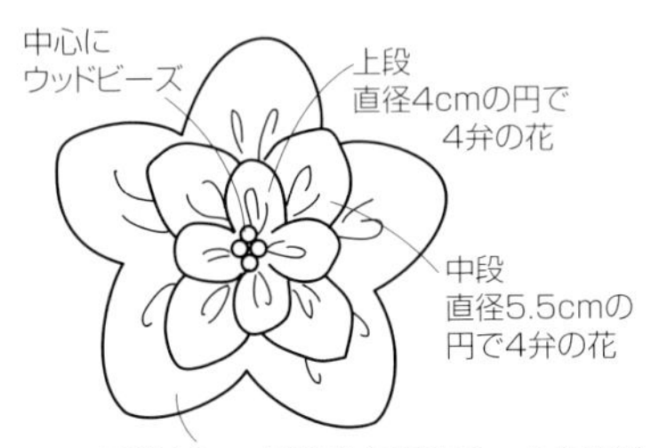

4

出来上がり寸法　直径約11cm
材料
麻(かや)のバイアス…12cm幅　50cm
麻布…7×13cm(花しん、当て布)
ブローチピン…3cm　1個
作り方
●バイアス布を図のように折って縫い縮め花の形にまとめる。
●花しんは図のように織り糸をほぐし、花の中心に押し込む。
●裏側に直径4cmの当て布をまつりつけ、ブローチピンをつける。

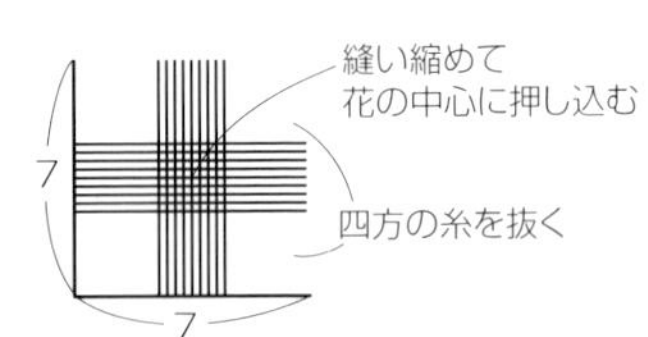

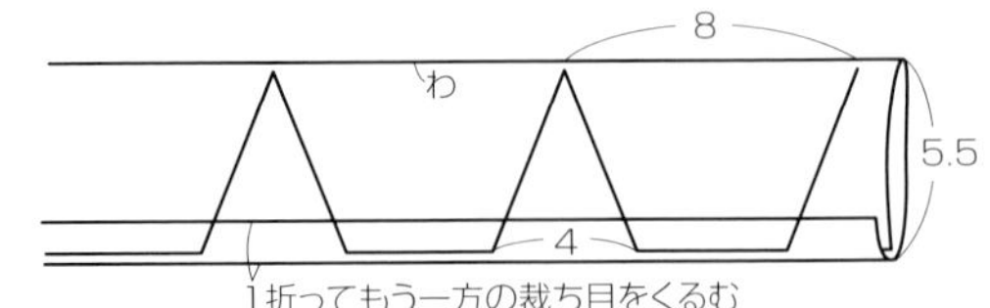

12ページ 小花のバレッタ

出来上がり寸法 4.5 × 12.5 cm

材料

藍染めの麻…15 × 15 cm（バレッタ土台）
木綿布4種類…各少々（花、葉）
かばんの底用シート…9 × 12.5 cm（土台）
パターンシート…10 × 14 cm
キルトしん…少々
バレッタピン…8 cm　1個

作り方

●パターンシートで土台の形どおりと、一回り小さい形のパターンを作り、そのパターンを使って土台のシートを1枚ずつカットする。
●土台布はそれぞれ1 cmずつの縫い代をつけて裁ち、3 mm内側にぐし縫いをする。
●形どおりの土台のシートはキルトしんを重ねて土台布でくるむ。
●一回り小さい土台布（当て布）は、パターンをくるんでアイロンで押さえてからパターンを取り除き、土台布の裏側にまつりつける。
●3種類の布で直径3 cmの円を裁ち、42ページを参照して4弁の花を17個作る。
●残りの1種類の布で直径4 cmの円を裁ち、四つ折りにし、外回りを縫い縮めて葉を作る。
●花と葉を土台布に縫い止め、裏側にバレッタピンを縫い止める。

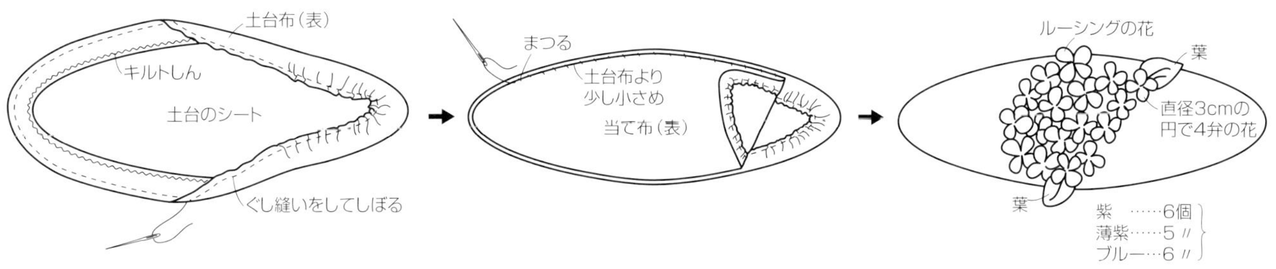

出来上がり寸法 3 × 10 cm

材料

藍染めの木綿…10 × 12 cm（土台）
〃　　…10 × 60 cm（花）
かばんの底用シート…6 × 12 cm
パターンシート…8 × 12 cm
キルトしん…少々
バレッタピン…8 cm　1個

作り方

●1と同じ要領で作る。

3

出来上がり寸法 4.5 × 12.5 cm

材料

藍染めの木綿…15 × 15 cm（土台）
木綿、麻など3種類…各少々（花、リボンなど）
以下1と同じ

作り方

●1と同じ要領で作る。
●茎のセルティックは46ページを参照して作る。

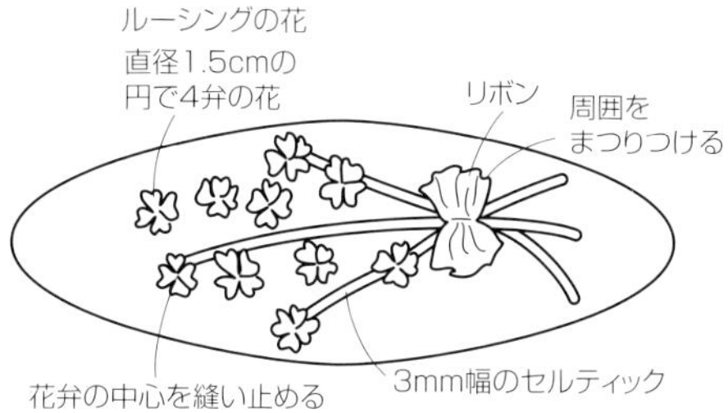

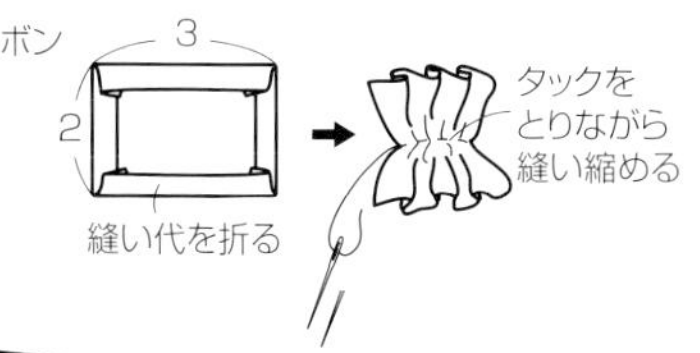

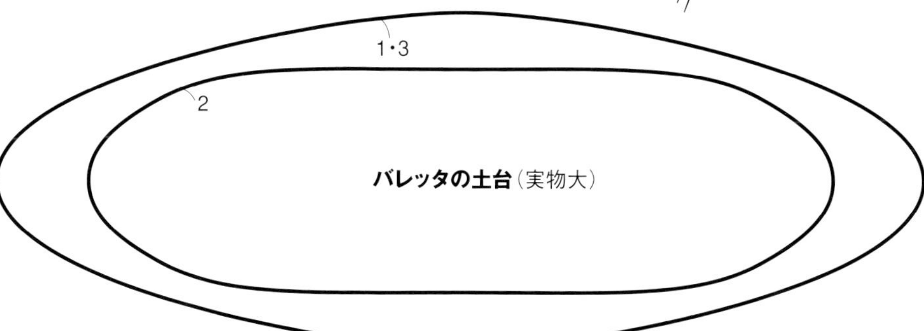

12ページ　オーガンジーのポーチ

出来上がり寸法（1、2共通）
横幅16cm　深さ10.5cm

材料（1、2共通）
コットンプリント…24×16cm
オーガンジー…24×32cm(袋布)
オーガンジーのバイアス…2.5cm幅　160cm
ファスナー…20cm　1本

作り方
●飾りのルーシングは2.5cm幅のバイアス90cmをBタイプ(38ページ参照)の縫い方で縫い縮める。
●図の要領でポーチに仕上げる。

製図

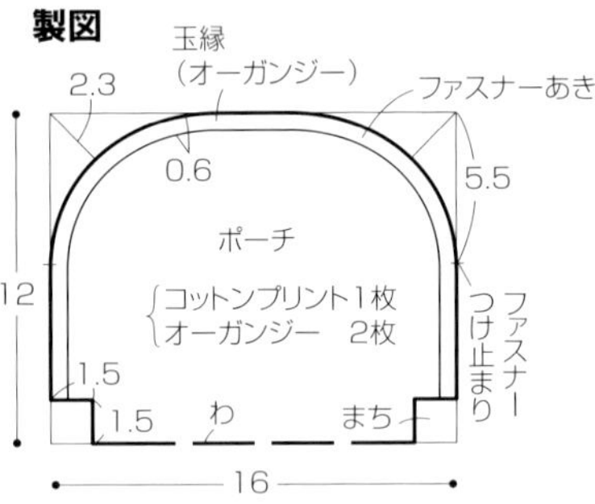

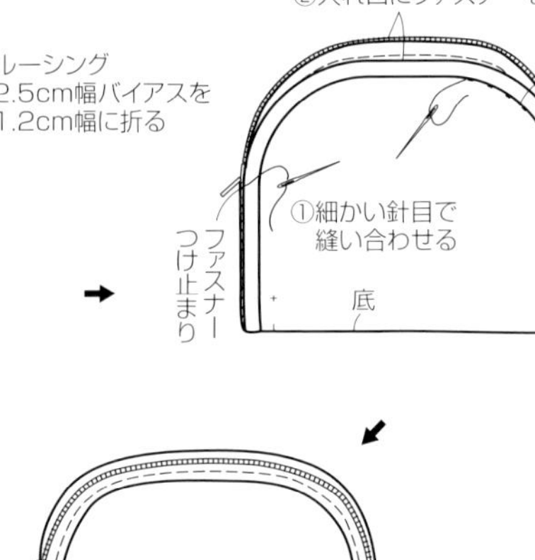

2のポーチ
●ルーシングの飾りをハート形にまとめて同様に作る。

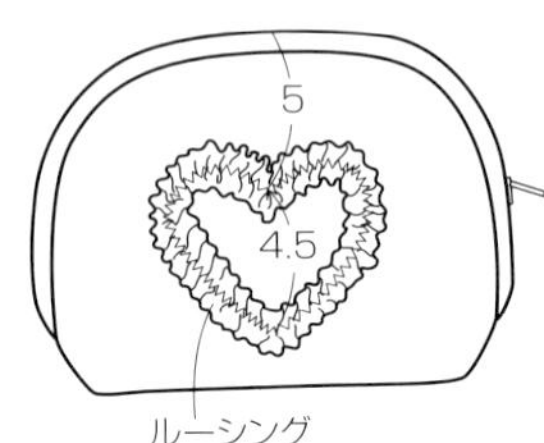

13ページ　和布のチョーカー

出来上がり寸法（1、2共通）　花の直径3cm

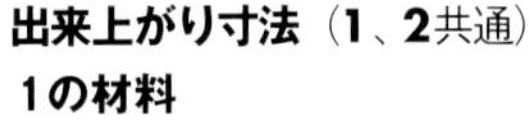

1の材料
和更紗の布…少々
組みひも…太さ3mm　55cm
ウッドビーズ…5mm　1個

2の材料
ちりめんの布…少々
組みひも(変わり平うち)…幅4mm　55cm

小粒のビーズ…4個

作り方
●42ページを参照にして4弁の花を作る。
●各ひもの中央に残りの布を巻いて土台を作って花をつけ、中心にビーズを土台布まで通して縫い止める。

まとめ方

組みひも55cm丈
端を布でくるんでまつる
中央に布を巻きつけ、花を縫い止める
2

13ページ 洋布のチョーカー

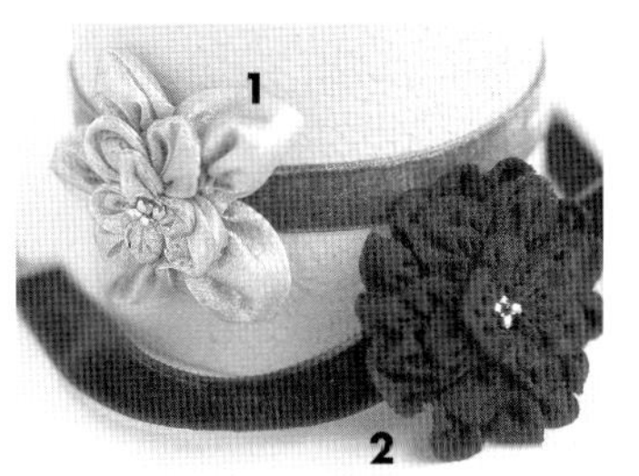

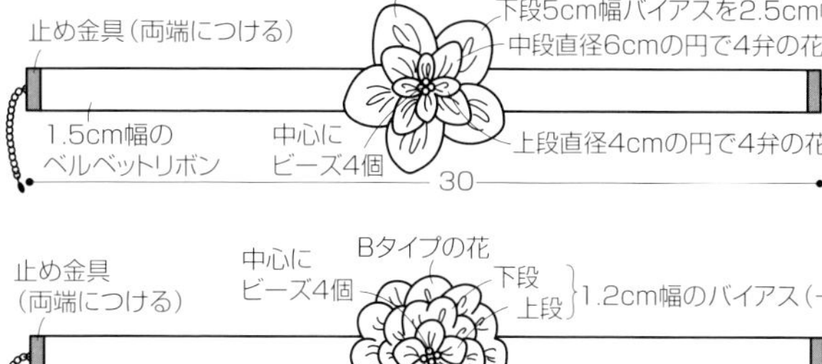

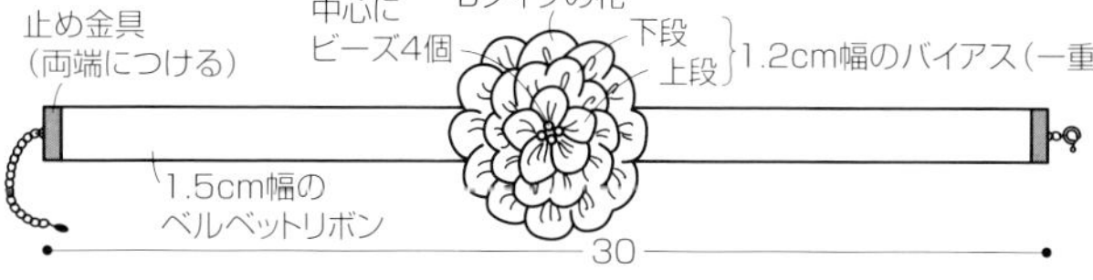

出来上がり寸法(**1**、**2**共通)

花の直径6cm

1の材料

オーガンジーのバイアス…5cm幅　32cm

オーガンジーの布…20×22cm

ビーズ…3mm　4個

ベルベットリボン…1.5cm幅　30cm

ネックレス用止め金具…1.5cm幅　1組

1の作り方

●花の下段はDタイプ(40ページ参照)で縫う。

●4弁の花は42ページを参照にして縫い、図のようにまとめる。

●花の裏側に直径6cmの円で作った当て布をまつりつける。

2の材料

ウールジョーゼットのバイアス…1.2cm幅
(上段)18cm、(下段)70cm

以下**1**と同じ

2の作り方

●花はBタイプ(38ページ参照)で縫い、図のようにまとめる。

13ページ 和布のイヤリング

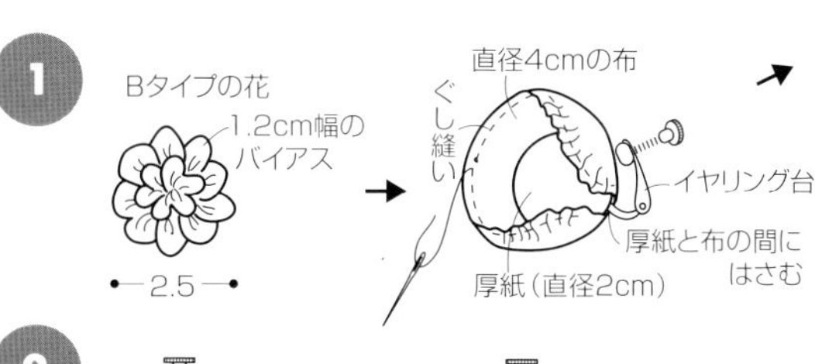

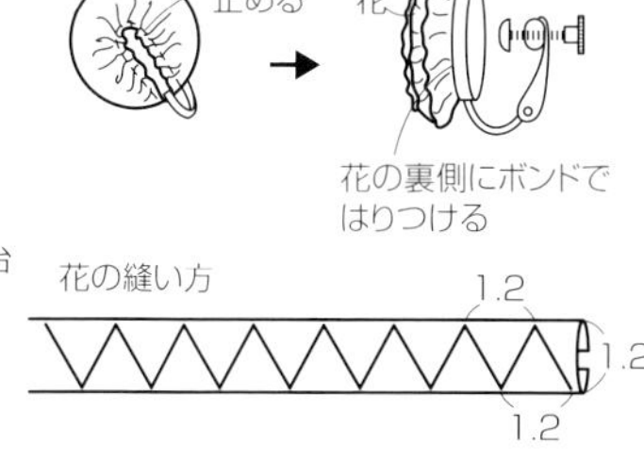

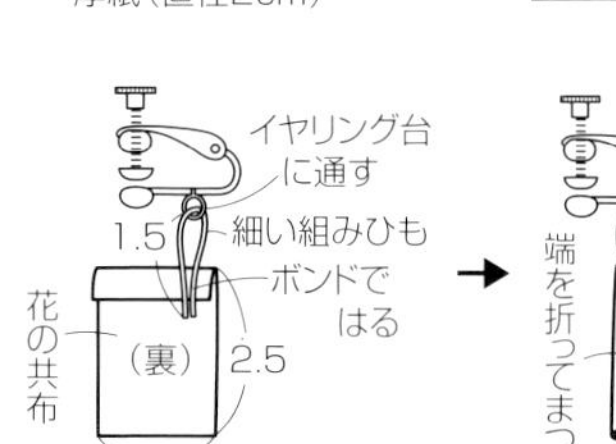

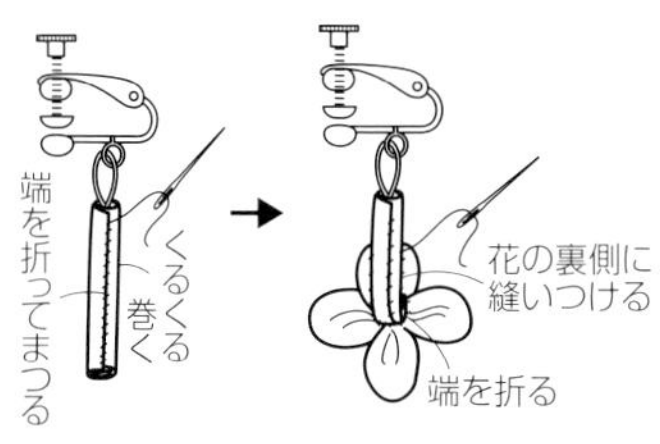

出来上がり寸法　花の直径　**1**…2.5cm、**2**…2.3cm

1の材料

大島つむぎのバイアス…2.5cm幅　40cm

大島つむぎの布…少々(土台布)

厚紙…少々

イヤリング台…1組

1の作り方

●Bタイプ(38ページ参照)の縫い方で花を作り、図のようにまとめる。

2の材料

ちりめんの布…少々

細い組みひも…6cm

ビーズ…5mm　2個

イヤリング台(ドロップタイプ)…1組

2の作り方

●42ページを参照にして花を作り、図のようにまとめる。

13ページ リボンのバレッタ

材料

シルクのバイアスリボン…3cm幅　96cm

シルクの布…少々(土台布、当て布)

ビーズ…4mm　9個

かばんの底用シート、キルトしん…各少々
(土台)

バレッタピン…8cm　1個

作り方

●バレッタピンの大きさに合わせてシートをカットし、キルトしんを重ねて土台布でくるむ。

●Cタイプの縫い方(39ページ参照)で花を3個作り、土台布に縫い止める。

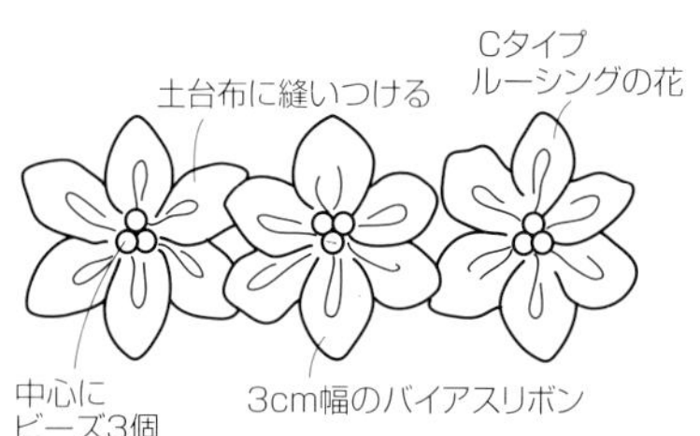

14ページ　携帯電話ストラップ

出来上がり寸法　ストラップの長さ11㎝、花の直径3㎝

材料（1、2共通）

シルクのバイアス…2㎝幅　30㎝

シルクの布2種類…各少々(花、花しん)

細い組みひも…10㎝

極太毛糸…26㎝

作り方

●花とストラップ（50ページ参照）を別々に作り、図の要領でまとめる。ストラップに巻き付ける布はストラップの共布。

●花しんに入れたしんは、アイロンをかけてから取り除いておく。

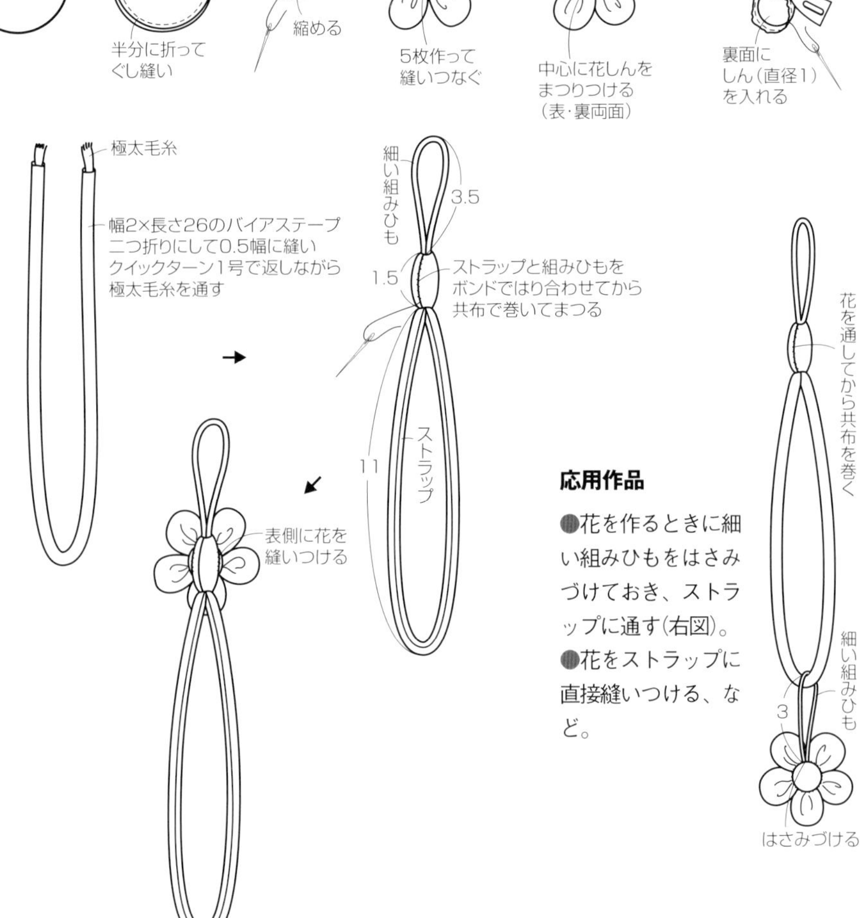

応用作品

●花を作るときに細い組みひもをはさみづけておき、ストラップに通す(右図)。

●花をストラップに直接縫いつける、など。

手縫いの基礎

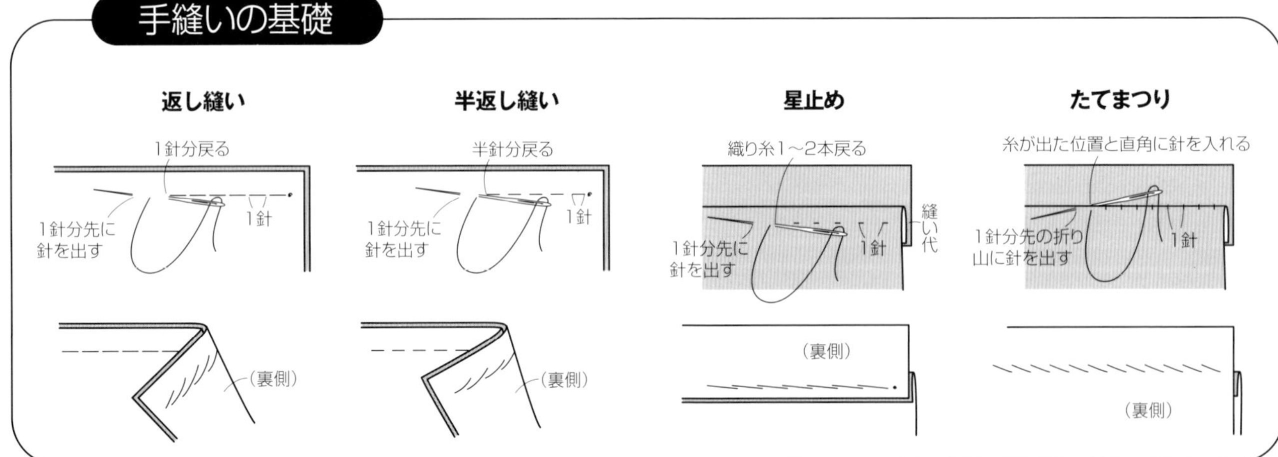

16ページ　おしゃれバッグ

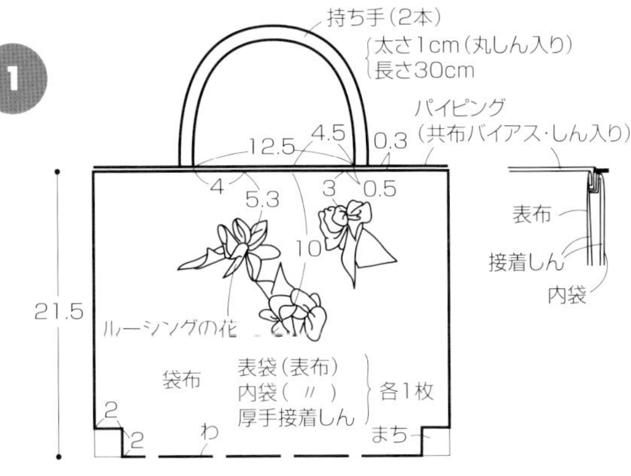

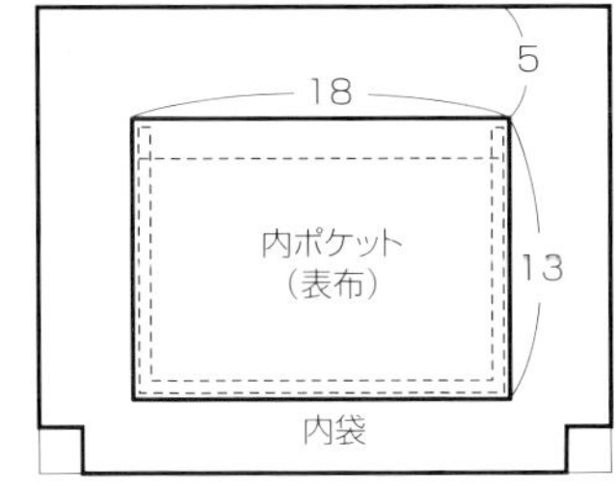

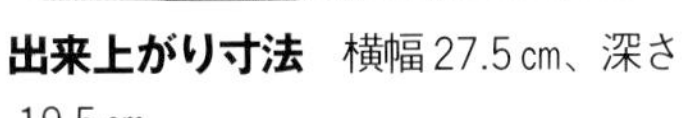

出来上がり寸法　横幅27.5㎝、深さ19.5㎝

材料

表布(ポリエステル)…45×80㎝(表袋、内袋、内ポケット)

接着しん(厚手タイプ)…45×60㎝

表布のバイアス…3.5㎝幅　32㎝を2本(持ち手)

〃　…2㎝幅　60㎝(パイピング)

丸しん…太さ1㎝　32㎝を2本(持ち手)

パイピングコード(しん)…太さ3㎜　60㎝

オーガンジーのバイアス…2.5㎝幅　30㎝を3本(飾りの花)

作り方

●接着しんは表袋と内袋両方にはる。

●持ち手はバイアス布を二つ折りにして1.2㎝幅に縫い、クイックターン(3号)で丸しんを入れながら表に返す。

●内袋のわきに返し口を15㎝ぐらい縫い残し、表袋と中表に合わせて、入れ口にパイピングと持ち手をはさんで縫い、内袋の返し口から表に返す。

●オーガンジーのバイアスで花を作り、バッグに縫い止める。

花の作り方

●飾りの花用のバイアスは裁ち切りのまま使う。

●端5㎝を残してBタイプの縫い方(38ページ参照)で5弁分を縮めながら縫ってゆるまないように玉止めをする。

●縫い始めをすくってしっかり止め、布端をそれぞれ斜めにカットする。

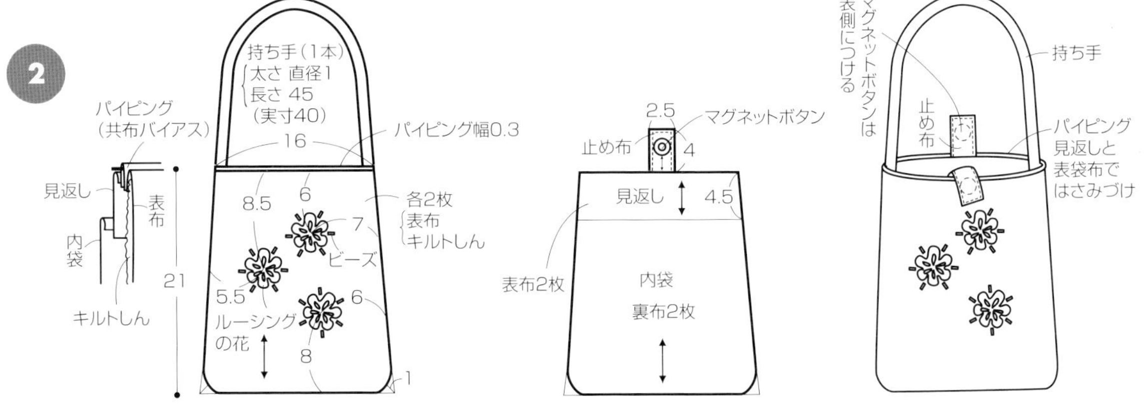

出来上がり寸法　横幅(入れ口)16㎝、深さ21㎝

材料

表布(ポリエステルシャンタン)…30×47㎝(表袋、見返し、止め布)

裏布…19×40㎝(内袋)

キルトしん…23×40㎝

表布のバイアス…3.5㎝幅　45㎝(持ち手)

丸しん…太さ1㎝　45㎝(持ち手)

表布のバイアス…2.5㎝幅　34㎝(パイピング)

〃　…2.5㎝幅　22㎝を3本(飾りの花)

パイピングコード…太さ3㎜　34㎝(しん)

マグネットボタン…1個

ビーズ…1×4㎜　18個

＊持ち手と花のバイアス布は裏表逆に使用する。

作り方

●バッグは表袋用の布にドミットしんを重ねて裏つきに作る。

●持ち手はバイアス布を1.2㎝幅に縫いクイックターンで表に返しながらしんを入れる(50ページ参照)。

●飾り用の花は両側を折って1.2㎝幅にし、Bタイプの縫い方(38ページ参照)で6弁の花に縫う。

製図

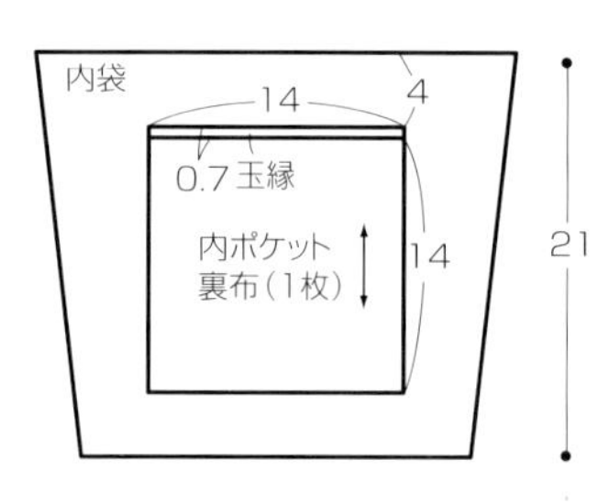

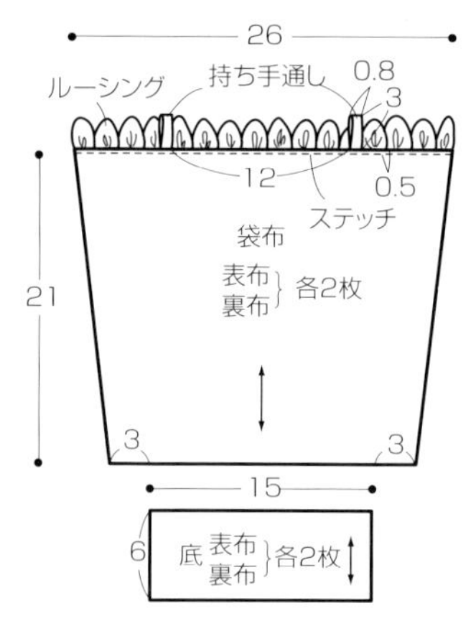

出来上がり寸法　横幅（入れ口）26㎝、深さ21㎝

材料

表布…23×75㎝（表袋）

裏布…23×75㎝（内袋）

持ち手（既製品）…1組

玉虫織のバイアス…5㎝幅　180㎝（30㎝×6本でも可・入れ口のルーシング）

玉虫織のバイアス…5㎝幅　50㎝（ブローチ）

〃　…2㎝幅　16㎝（ポケット口）

玉虫織の布…少々（ブローチの花しん）

ブローチピン…3㎝　1個

作り方

●5㎝幅のバイアス布を二つ折りにし、Dタイプの縫い方（40ページ参照）で縫い縮め入れ口にはさみづけにする。

●ブローチはCタイプの縫い方（39ページ参照）で9弁の花にまとめ、51ページ**1**を参照して作る。

17ページ　お出かけトートバッグ＆ポーチ

ベージュ

製図

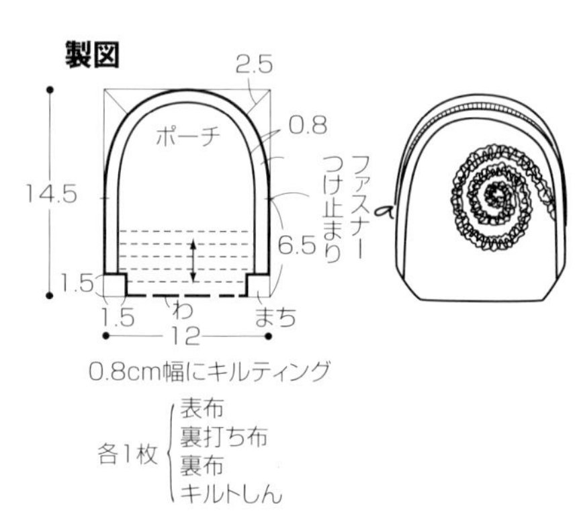

製図

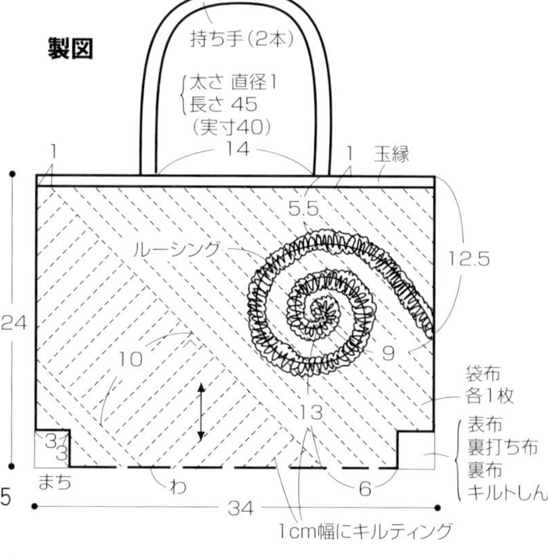

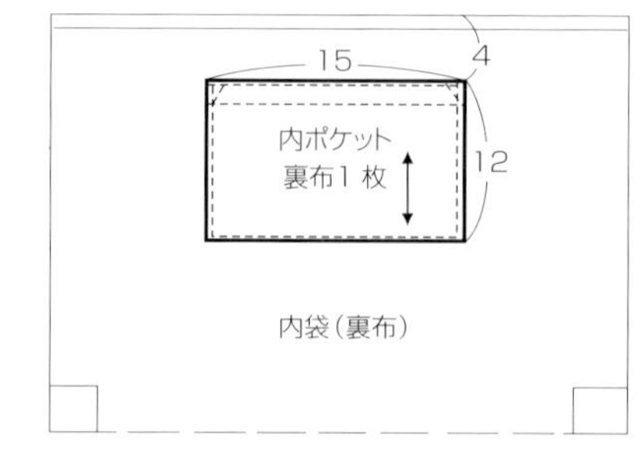

出来上がり寸法　トートバッグ　横幅（入れ口）34㎝、深さ21㎝

ポーチ　横幅12㎝、深さ13㎝

材料（トートバッグ）

表布（ウールジョーゼット）…55×40㎝（表袋）

表布のバイアス…4㎝幅　45㎝を2本と70㎝を1本（持ち手、入れ口の玉縁）

〃　…1.2㎝幅　150～160㎝（ルーシング）

裏布…48×53㎝（内袋、内ポケット）

キルトしん・裏打ち布…各55×40㎝

丸しん…太さ1㎝　90㎝（持ち手）

（ポーチ）　素材はトートバッグと同じ

表布、裏布、キルトしん、裏打ち布…各35×15㎝

表布のバイアス…1.2㎝幅　75㎝（ルーシング）

ファスナー…20㎝　1本

作り方

●トートバッグは59ページ、ポーチは54ページを参照して作る。

●ルーシングはBタイプの縫い方（38ページ参照）で縫い縮める。

17ページ　お出かけトートバッグ&ポーチ

黒

製図

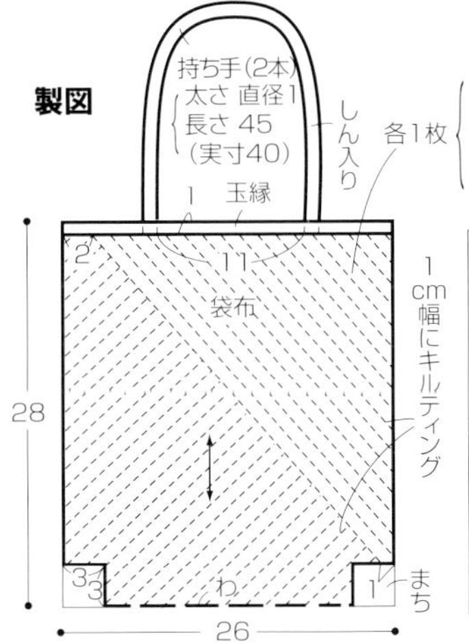

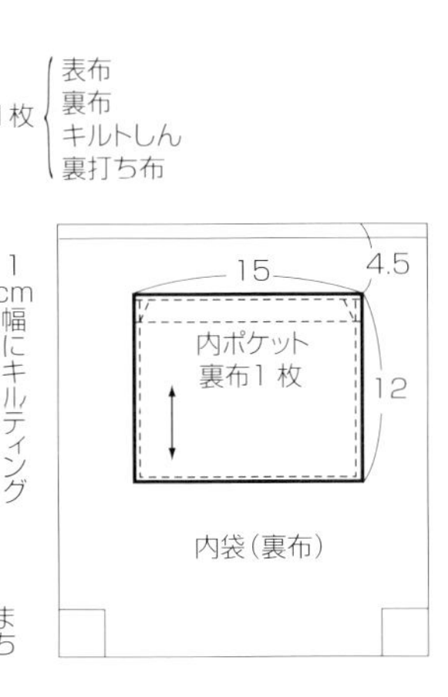

1. 表袋布を作る。ルーシングはBタイプの縫い方(38ページ参照)で縫い縮める。

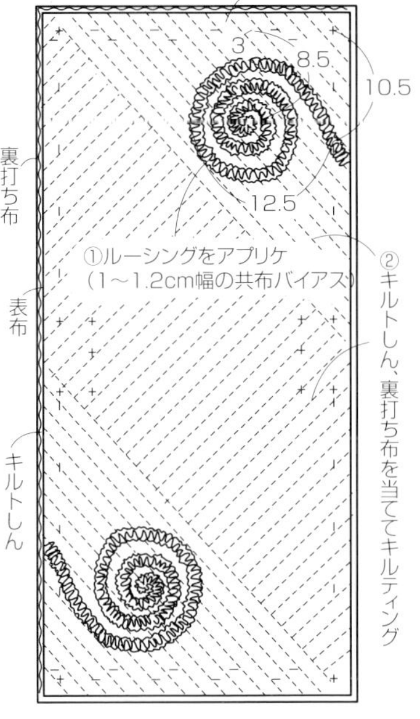

出来上がり寸法　横幅(入れ口)26㎝、深さ25㎝

材料

表布(ウールジョーゼット)…60(たて)×30(よこ)㎝(表袋)

キルトしん・裏打ち布…各60×30㎝

裏布…60×50㎝(内袋、内ポケット)

表布のバイアス…4㎝幅　45㎝を2本と55㎝を1本(持ち手、玉縁)

〃　…1.2㎝幅　150～160㎝(ルーシング)

丸しん…太さ1㎝　90㎝(持ち手)

2. 内袋に内ポケットをつける。

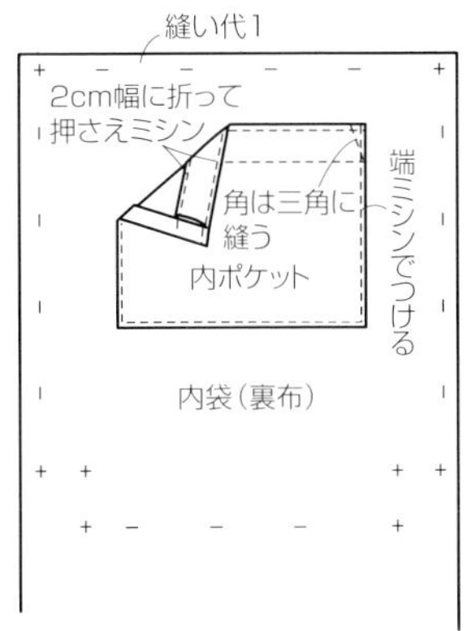

3. 表袋、内袋を作る。

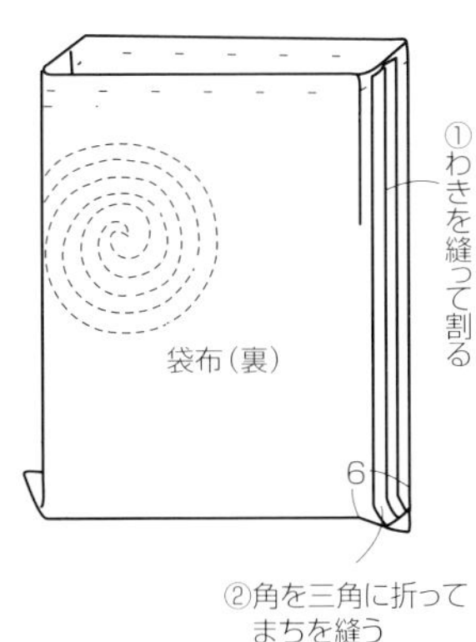

4. 表袋の入れ口を始末する。

5. 持ち手をつける。

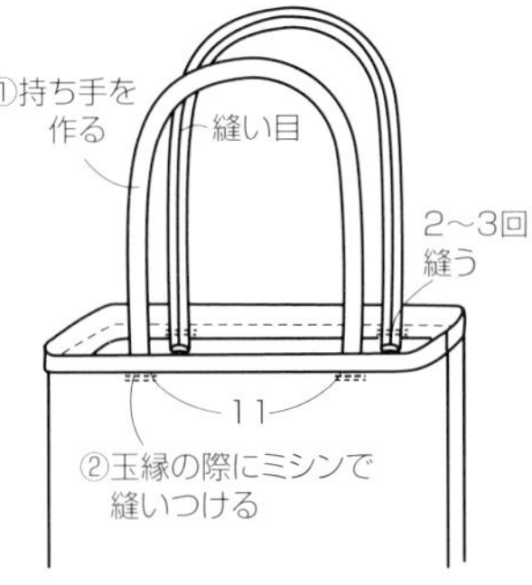

6. 仕上げる。

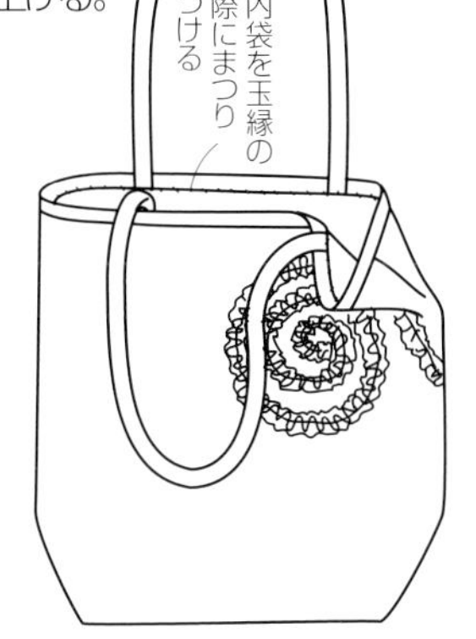

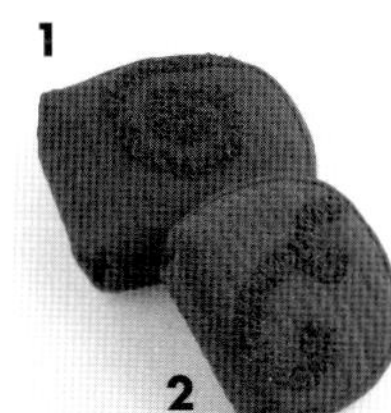

出来上がり寸法

ポーチ**2**　横幅12㎝　深さ10.5㎝

ポーチ**1**はベージュのポーチと同じ

材料(ポーチ)

58ページのベージュのポーチ参照

ポーチ2の製図

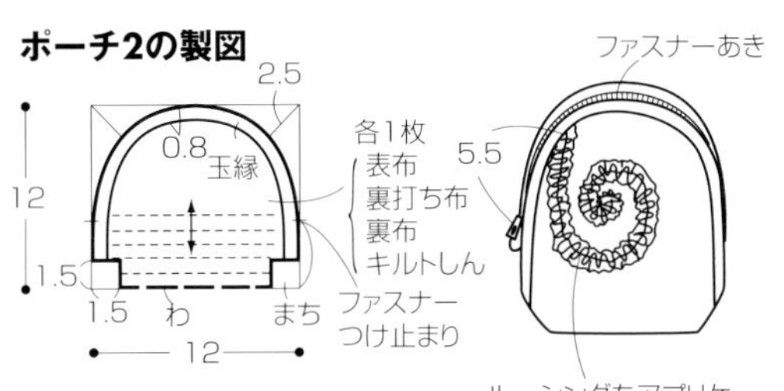
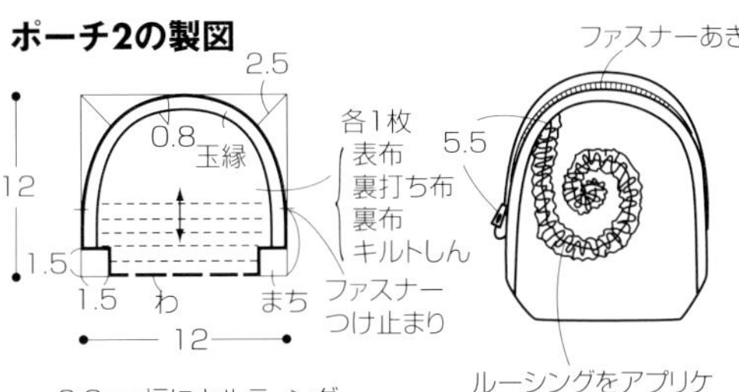

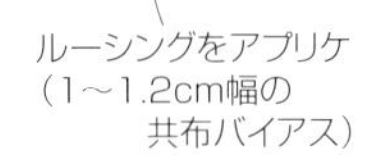

18ページ　大島つむぎのバッグ&小物

トートバッグ

出来上がり寸法　横幅30㎝、深さ22㎝

材料

表布(泥染めの布)濃色…70×36㎝

〃　(　〃　)淡色…60×36㎝

裏布(コットンプリント)…30×90㎝

キルトしん…25×75㎝

アプリケ布(大島つむぎ)…40×36㎝

丸しん…太さ1㎝　80㎝(持ち手)

作り方

●7㎝角のピースを表布の濃色で24枚、淡色で24枚裁ち、濃色のピースに61ページの図案をアプリケする。

●持ち手、玉縁布は縦地で裁つ。

●底布は表布、キルトしん、裏布を重ねてキルティングする。

●内ポケットはキルティングをしてから表布にひびかないように手縫いでつける。

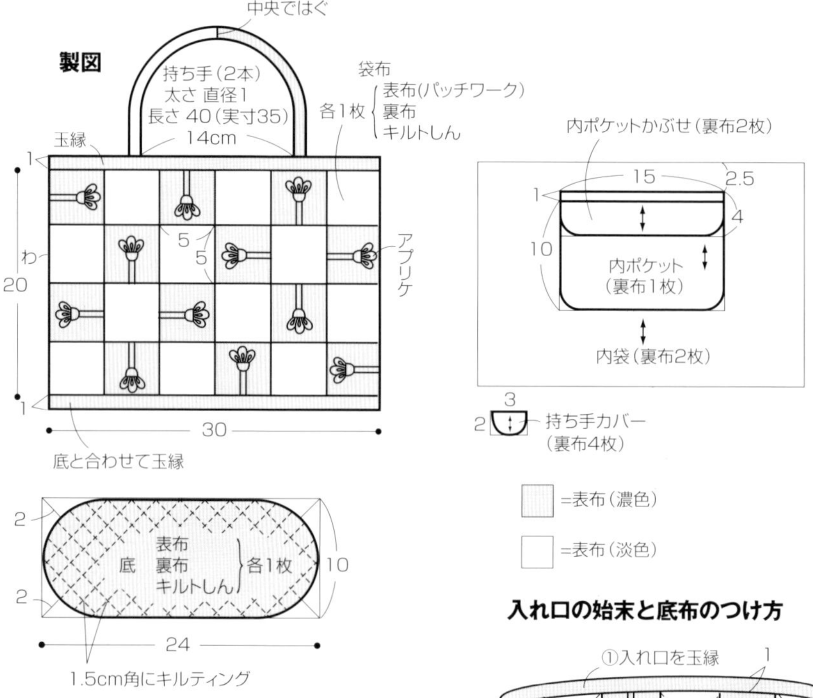

表布の縫い方

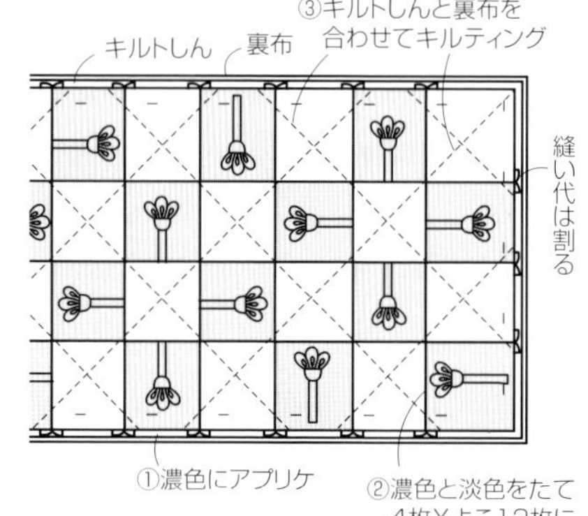

入れ口の始末と底布のつけ方

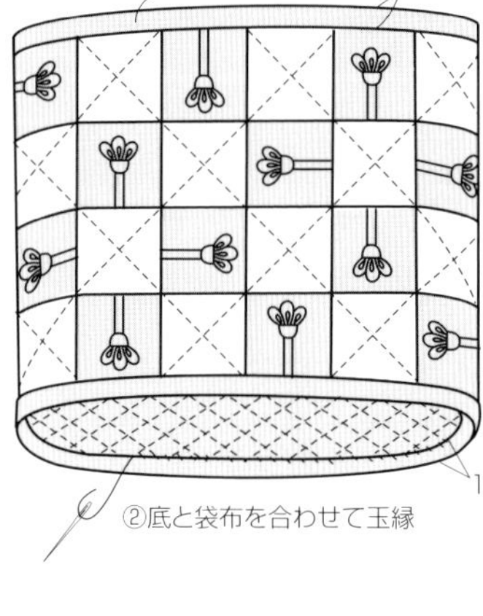

持ち手のつけ方

わきの縫い方と内ポケットのつけ方

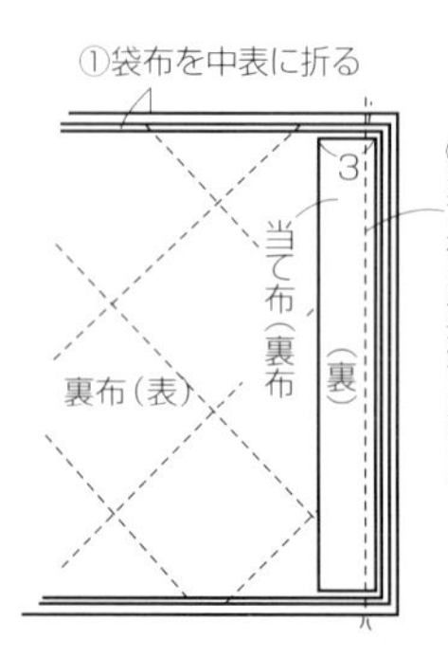

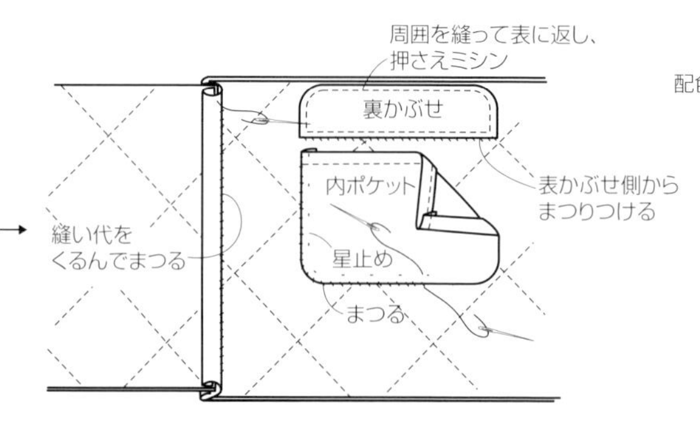

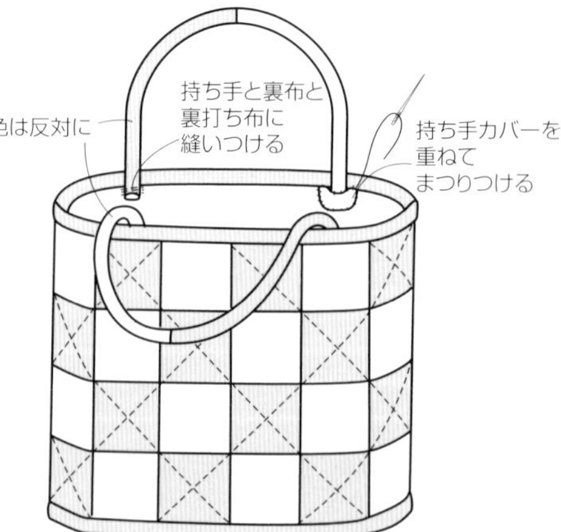

巾着

出来上がり寸法　横幅16㎝、深さ18㎝

材料

表布(泥染めの布)濃色…30×20㎝（たて×よこ）

〃　(　〃　)淡色…30×20㎝

裏布(コットンプリント)…35×20㎝

キルトしん…20×40㎝

アプリケ布(大島つむぎ)…15×15㎝

革ひも…太さ3㎜　140㎝

作り方

●袋布の片面はパッチワーク、片面は濃色1色で裁ち、口布は淡色で裁つ。

●袋布の濃色部分には63ページの図案をアレンジして図のようにアプリケをする。

●袋布はパッチワークをし、キルトしん、裏打ち布、裏布を重ねてキルティングをしてからわきと底を縫い、口布をつける。

●口布はひも通し口を残して輪につないでおく。

製図

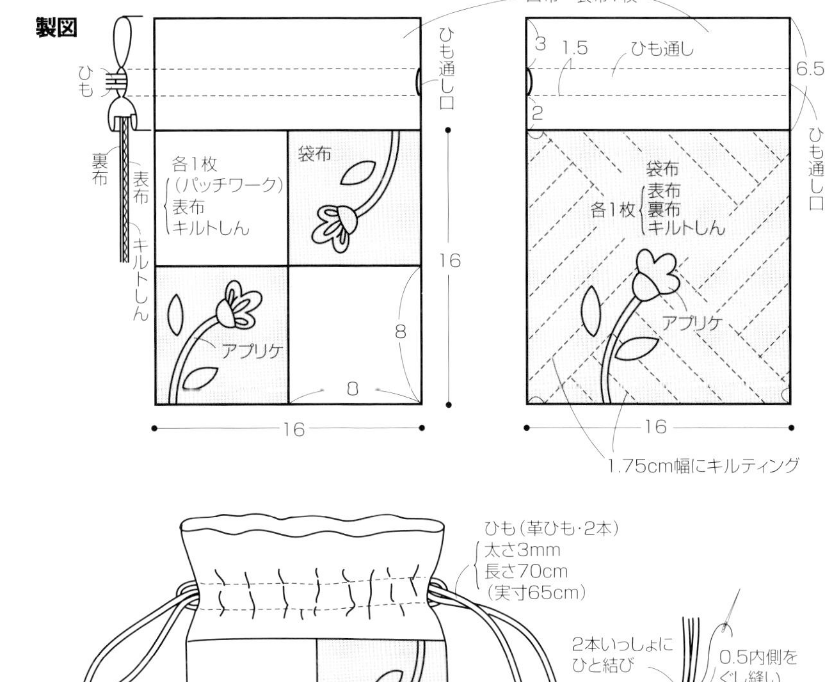

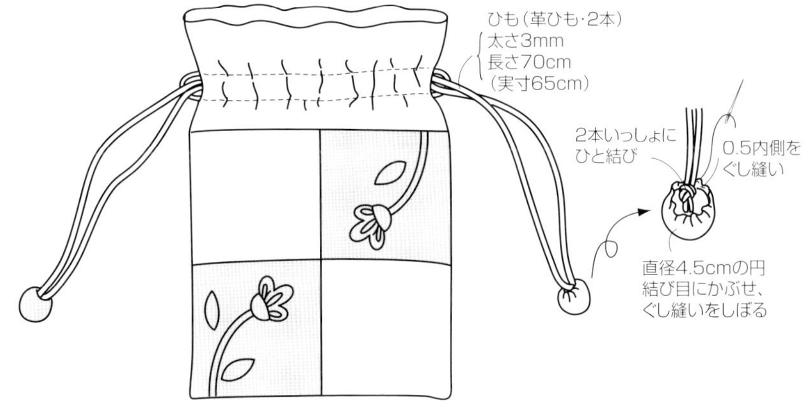

19ページ　ポーチ

=表布(濃色)

=表布(淡色)

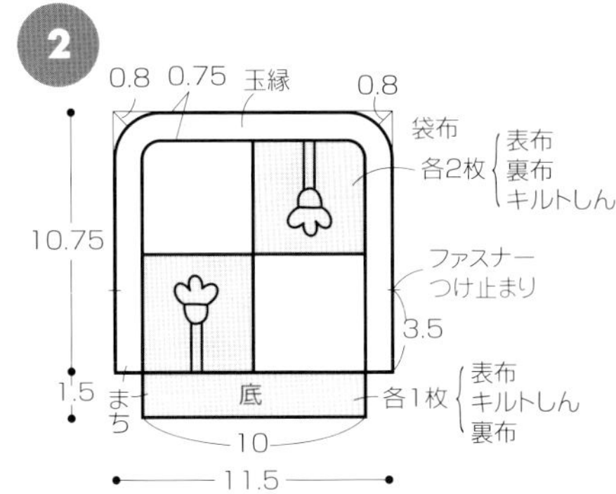

ファスナー

裏布をまつる

図案(実物大)

ルーシング(Bタイプ)のつぼみ

アプリケ

セルティック

出来上がり寸法

横幅11.5㎝、深さ約11㎝

材料

表布(泥染めの布)濃色…17×14㎝（たて×よこ）

〃　(　〃　)淡色…13×30㎝

裏布(コットンプリント)…12×25㎝

キルトしん…12×25㎝

アプリケ布(大島つむぎ)…16×20㎝

ファスナー…20㎝　1本

作り方

●表袋は前側、後ろ側とも同じようにパッチワークをして底布とはぎ、キルトしんを重ねる。キルティングはなし。

●袋布の周囲を玉縁で始末し、54ページを参照してポーチに仕上げる。

出来上がり寸法　横幅(入れ口)13㎝(入れ口)深さ10㎝、　底まち6㎝

材料

表布(泥染めの布)淡色…53×30㎝

裏布(コットンプリント)…25×36㎝(内袋)

キルトしん…25×36㎝

アプリケ布(大島つむぎのバイアス)…2.5㎝幅32㎝を3本(花)

〃　(泥染めの布)濃色…少々(葉)

ファスナー…20㎝　1本

パイピングコード…太さ3㎜　100㎝(しん)

25番刺しゅう糸…少々

作り方

●アプリケは前側の袋布のみにする。アプリケの花はCタイプの縫い方(39ページ)で縫って中心にフレンチナッツ・Sを刺す。葉は適宜の形で。

●口布はファスナーをつけたらタブをはさんで底布とつないで輪にする。

●輪になった底布と口布の両側に袋布をつける。

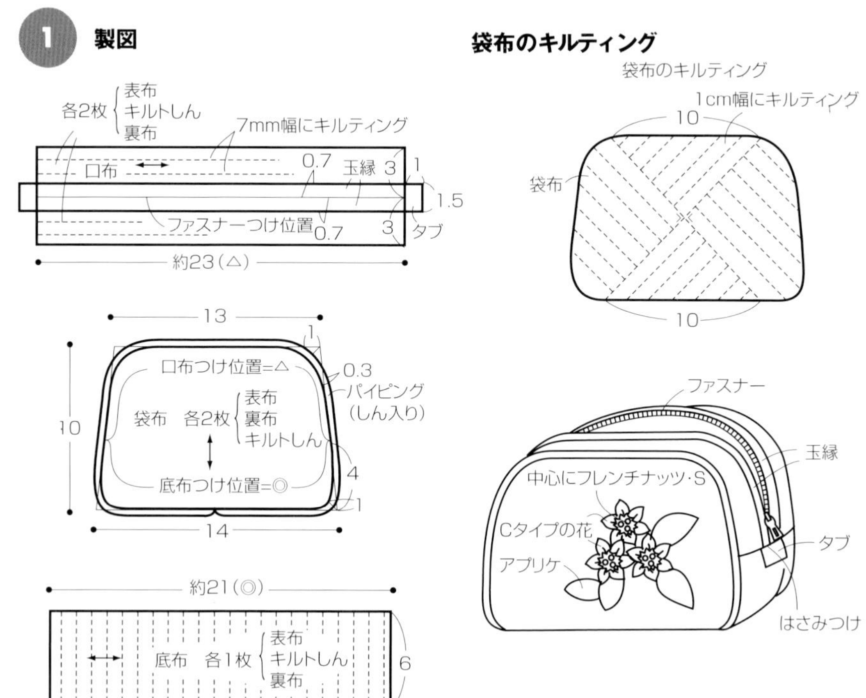

19ページ　ポシェット

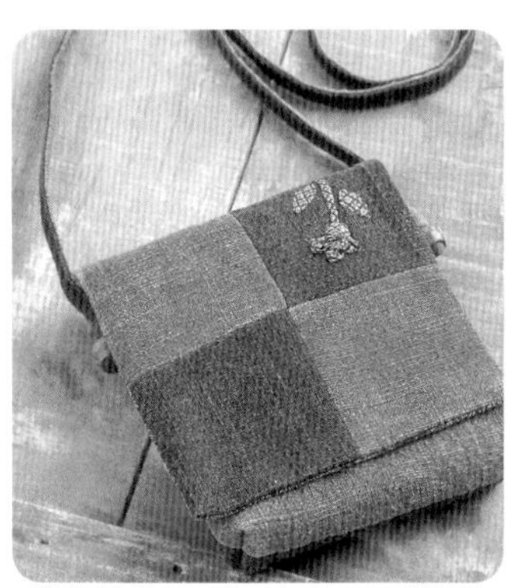

出来上がり寸法　横幅15㎝、深さ15.7㎝

材料

表布(泥染めの布)濃色…18×32㎝

〃(　　〃　　)淡色…18×36㎝

〃(　　〃　　)濃色・淡色…各70×2㎝(ひも)

裏布(コットンプリント)…18×55㎝

キルトしん…32×17㎝

アプリケ布(大島つむぎ)…13×20㎝

ループエンド…直径1.5㎝　2個

作り方

●ポケットとパッチワーク布のアプリケは63ページの図案を適宜にアレンジする。

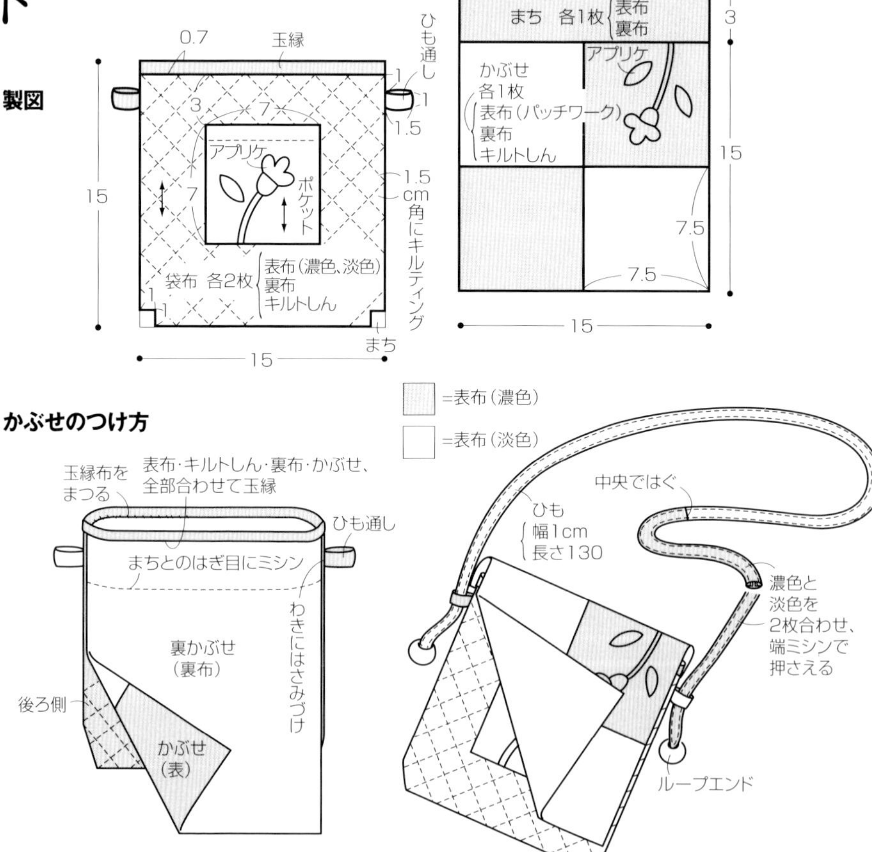

19ページ 携帯電話ケース

出来上がり寸法　横幅7cm　深さ14.5cm

材料

表布(泥染めの布)濃色…17×18cm(表袋、持ち手)

〃(〃)淡色…11×18cm

裏布(コットンプリント)…35×9cm(内袋)

キルトしん・裏打ち布…各35×9cm

アプリケ布(大島つむぎ)…16×12cm

細ひも…太さ2mm　8cm

ナス環(丸環つき)…2cm　2個

製図

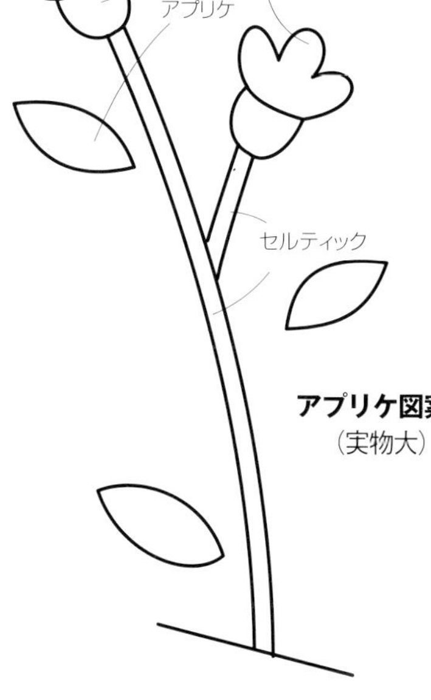

作り方

●袋布の表面に61ページの**2**を参照してアプリケをし、裏つきの袋を作る。

●持ち手は別に作ってナス環で止めつける。

20ページ さわやかトートバッグ

出来上がり寸法　**1**…横幅45cm、深さ32cm

2…横幅30cm、深さ30cm

1の材料

表布(厚手木綿)白…34×94cm

〃(〃)紺…26×47cm

裏布(中肉木綿)…85×47cm(内袋)

アプリケ布…(71ページに掲載)

クラフトテープ…3cm幅　130cm

2の材料

表布(厚手木綿)白…26×68cm

〃(〃)紺…30×34cm

裏布(中肉木綿)…26×88cm

クラフトテープ…2.5cm幅　100cm

パイピングコード…太さ3mm　90cm(しん)

アプリケ布…(71ページに掲載)

1の製図

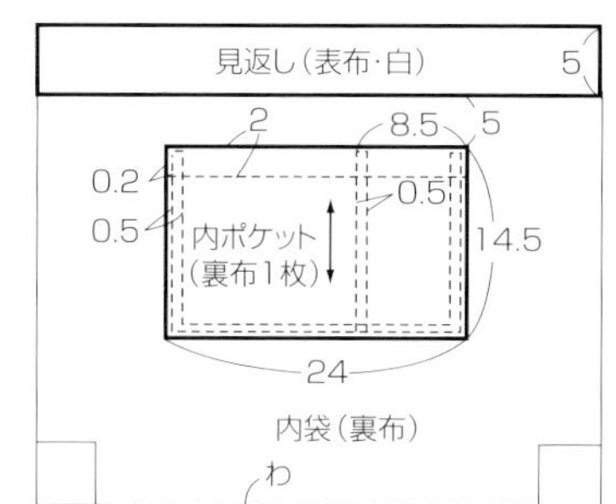

2の製図

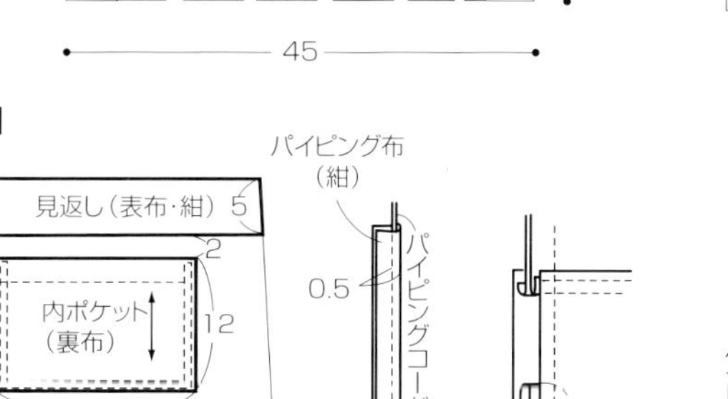

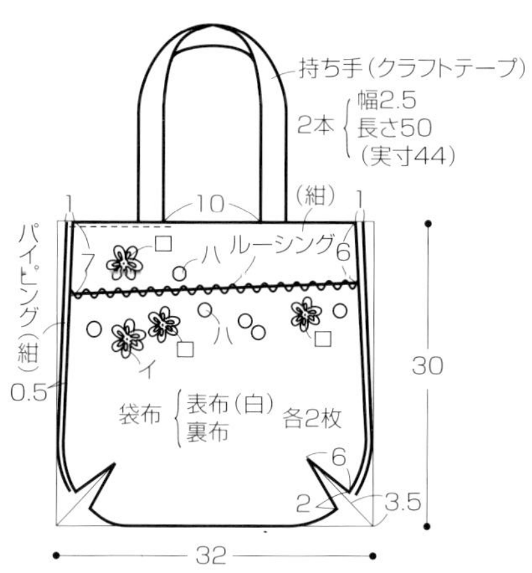

作り方

●裏つきのバッグを作り、ルーシングの花をアプリケする。花の作り方要領は71ページ参照。

22ページ ソーイングボックス

出来上がり寸法 14×20×8.5cm（たて×よこ×深さ）

材料

表布(コットンプリント)…110×70cm（たて×よこ）
別布のバイアス…3cm幅 220cm(パイピング、小物入れの玉縁)
キルトしん…40×90cm
ファスナー…23cm 2本
ファスナー…15cm 1本
リング…内径1cm 2個
丸しん…太さ7mm 60cm(持ち手)
フェルト…8×4cm
アプリケ布数種類…各適宜
25番刺しゅう糸…少々
かばんの底用シート…14×40cm(裏ふた、裏底のしん板)

作り方

●表布も裏布も同じ布(表布)を使う。
●表ふたと表底、裏ふたと裏底、側面を別々に作り、最後に側面の上下に表ふた、表底をつけ、裏側に裏ふたと裏底をまつりつける。

花の作り方(1個分)

大の花…4.5cm幅のバイアス(端1cmを折る) 35cm Aタイプの縫い方
中の花…2.5cm幅のバイアス(1.2cm幅に折る) 30cm Bタイプの縫い方
小の花…2.5cm幅のバイアス(1.2cm幅に折る) 10cm Aタイプの上段の縫い方
つぼみ…直径3.5cmの円
裏ふたの針山(メリンス)…3.5cm幅のバイアス(1.8cm幅に折る) 80cm Bタイプの縫い方

製図

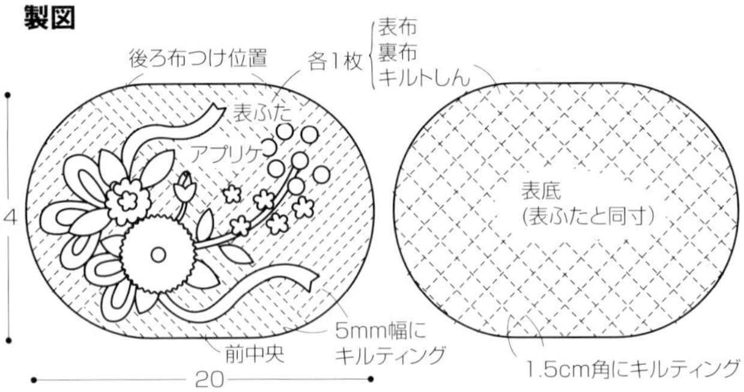

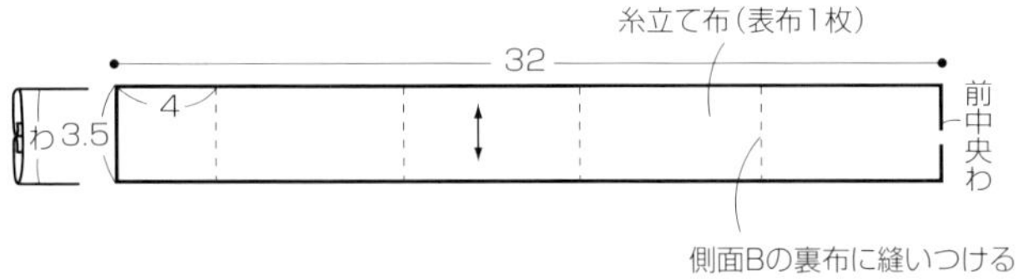

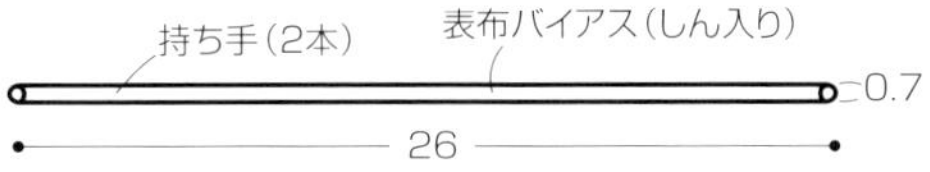

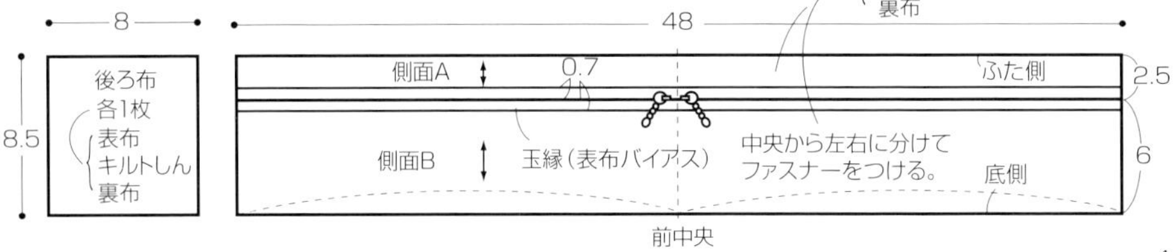

ふたの型紙と図案

200%に拡大

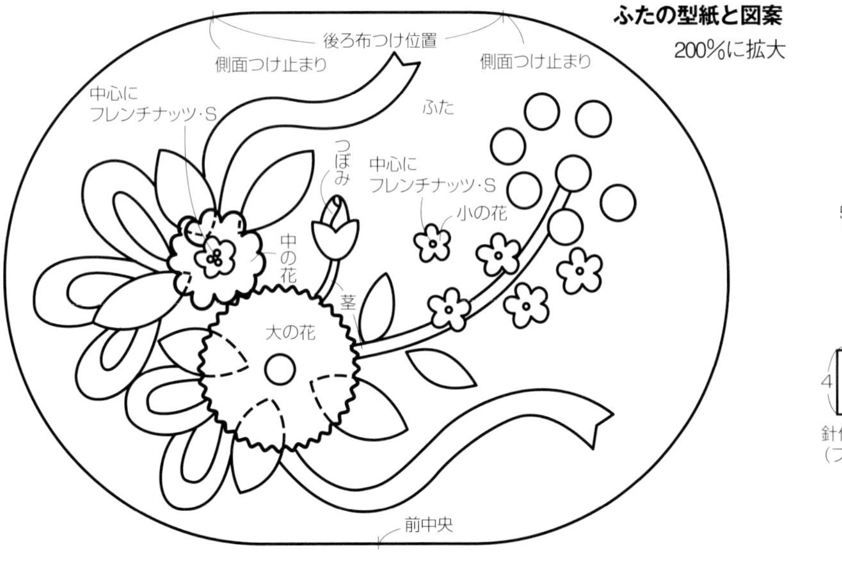

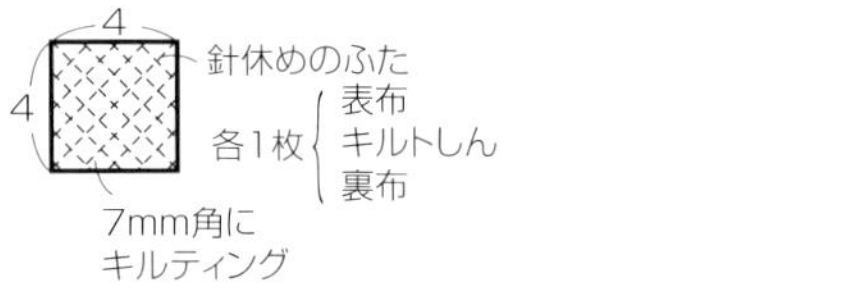

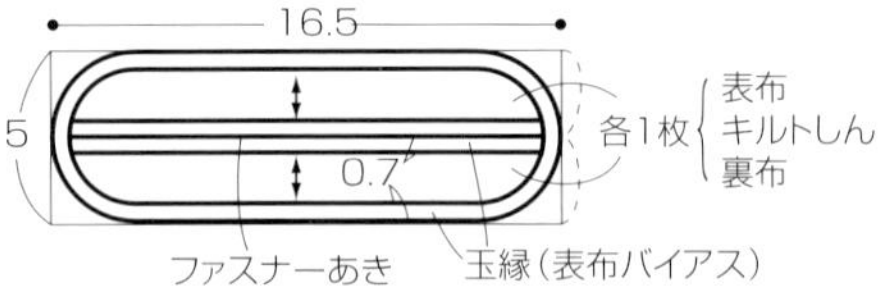

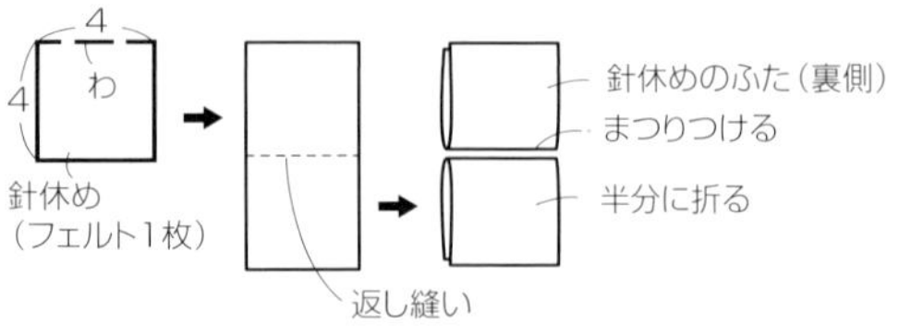

側面の作り方

表側は図の番号順に作る。裏側はファスナーつけのミシンのきわに側面A、側面B(糸立て布をつけておく)の端を折ってまつりつける。上、下端は表布にしつけで縫い止める。

糸立て布のつけ方

裏側面のBの表面にゆとりを入れながら図のように縫い止める。

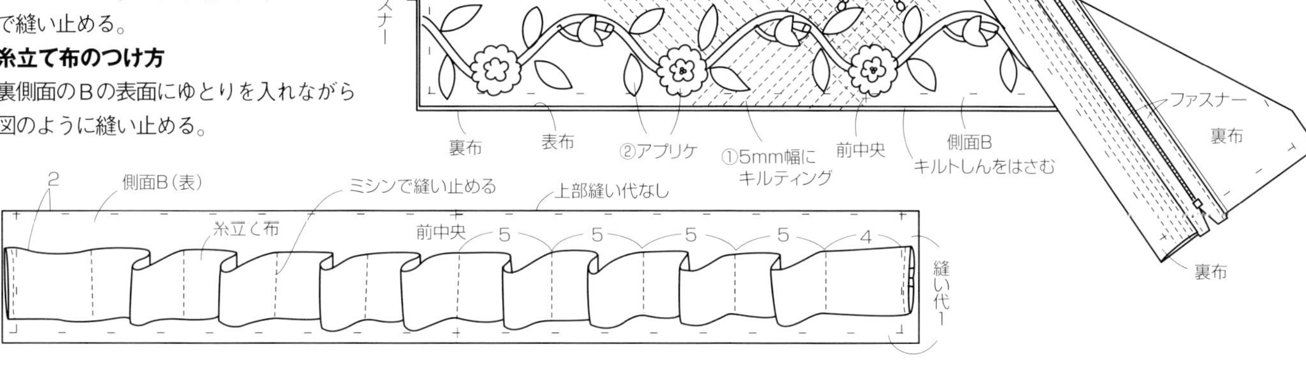

表ふたの作り方

表布に縫い代をつけて裁ち、図案を写してセルティック、ルーシング、アプリケでまとめる。キルトしんと裏布を重ねてキルティングをする。

裏ふたの作り方

表布は縫い代をつけて裁ち、針山などをまつりつけ、周囲にぐし縫いをして、しん板にかぶせてしぼる。

後ろ布のつけ方

後ろ布はまず表布とキルトしん、裏布を合わせてキルティングをし、図の要領で側面と縫い合わせる。

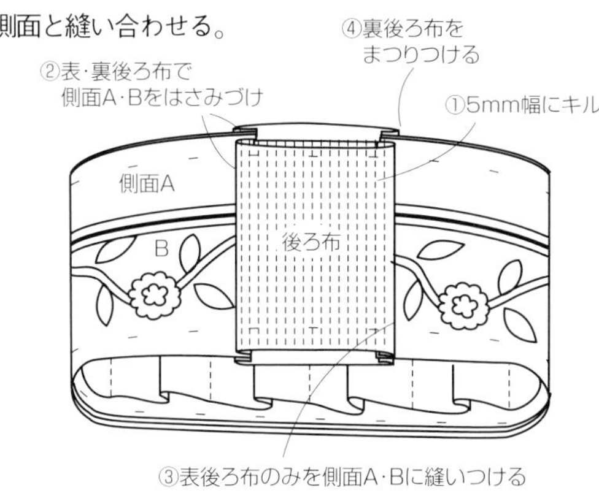

まとめ方

側面Bの図案

200%に拡大

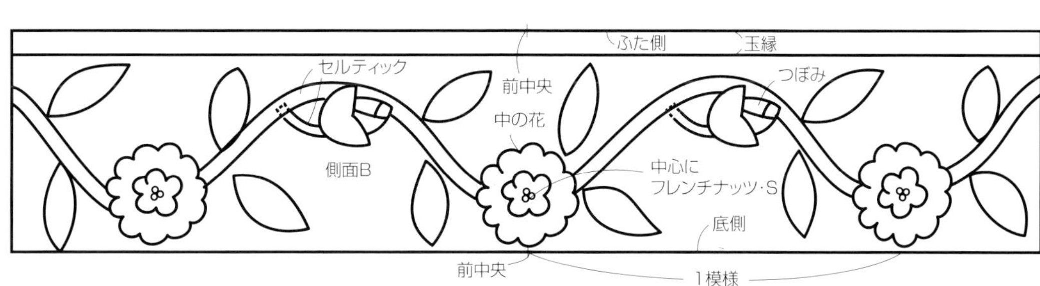

24ページ　カントリークッション

出来上がり寸法（1〜5共通）
42×42cm

材料（1〜5共通）
表布(コットンプリントA)…45×90cm
〃(コットンプリントB)…45×45cm
キルトしん・裏打ち布…各45×90cm
ファスナー…35cm　1本
中綿入りクッション…42×42cm　1個
アプリケ布各種(各図案参照)…各適宜
他にビーズなど

2と4の製図

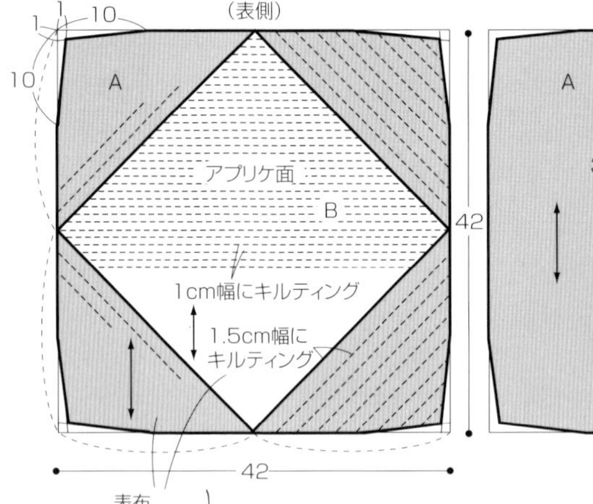

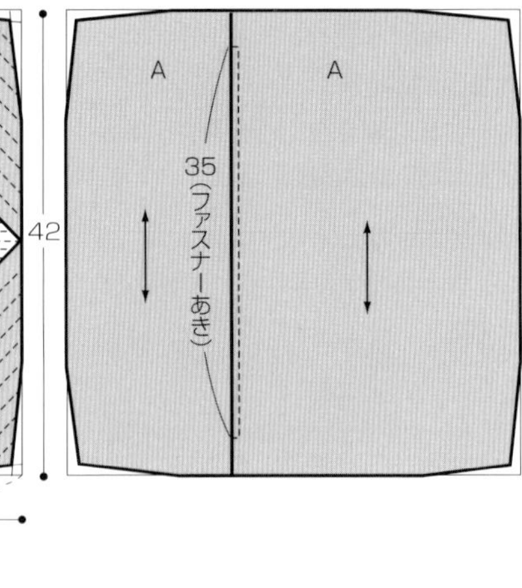

1と5の製図

3の製図

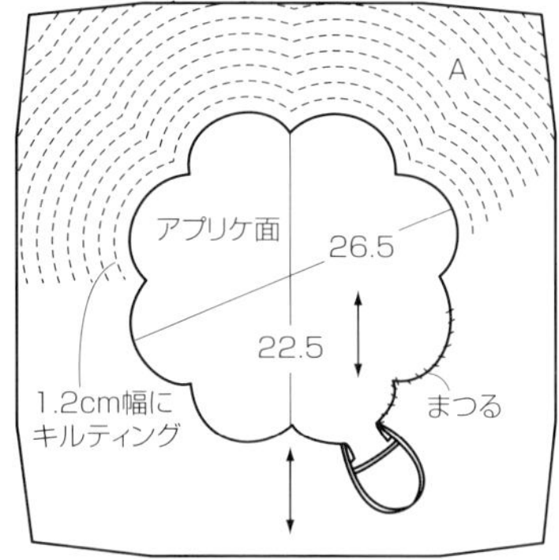

1の図案
200％に拡大

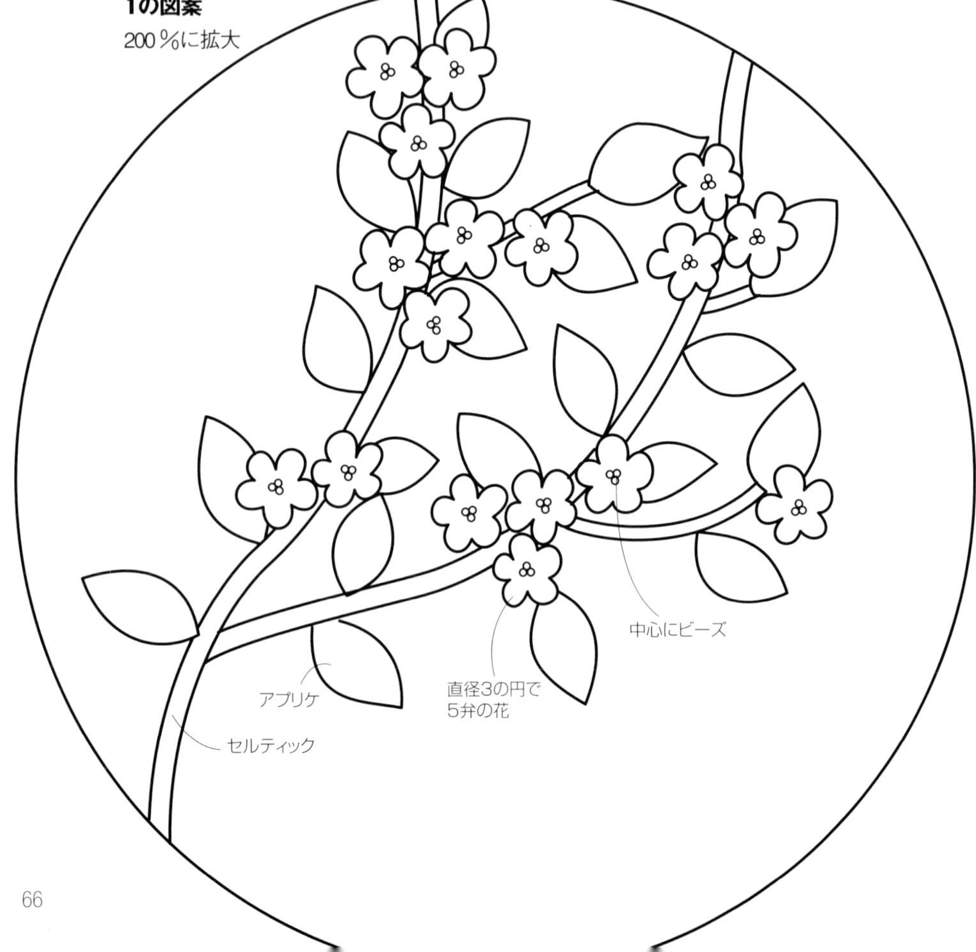

作り方（1〜5共通）
●B布部分にアプリケをし、A布とつなぎ、キルトしんと裏打ち布を重ねてキルティングをする。
●ファスナーをつけた裏側と中表に合わせ、周囲を縫って表に返す。このときファスナーを少しあけておくこと。
●角を製図のようにカットすると、出来上がりの見た目が正方形になる。

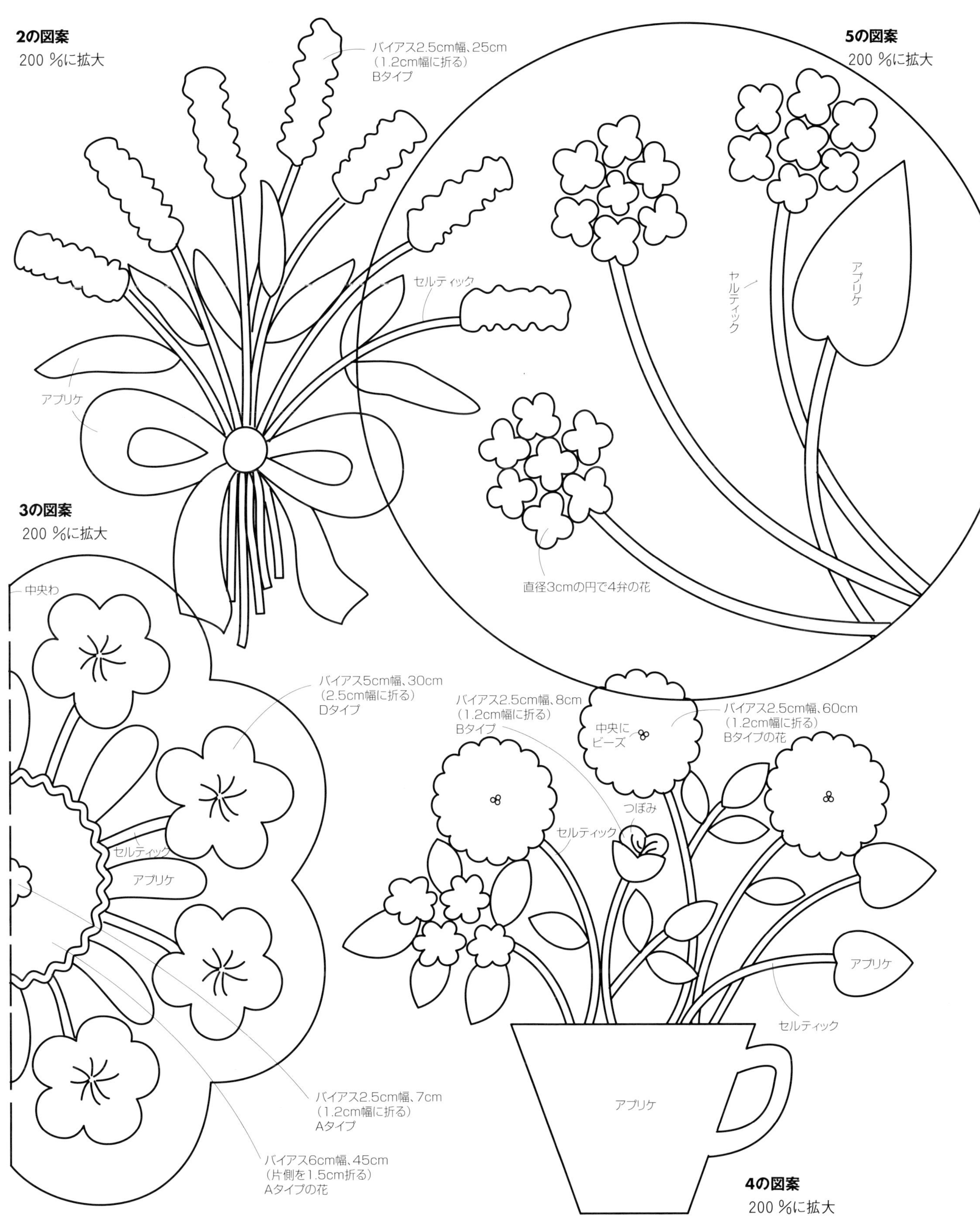
2の図案
200 %に拡大
バイアス2.5cm幅、25cm
（1.2cm幅に折る）
Bタイプ
セルティック
アプリケ
5の図案
200 %に拡大
セルティック
アプリケ
直径3cmの円で4弁の花
3の図案
200 %に拡大
中央わ
バイアス5cm幅、30cm
（2.5cm幅に折る）
Dタイプ
セルティック
アプリケ
バイアス2.5cm幅、7cm
（1.2cm幅に折る）
Aタイプ
バイアス6cm幅、45cm
（片側を1.5cm折る）
Aタイプの花
バイアス2.5cm幅、8cm
（1.2cm幅に折る）
Bタイプ
中央に
ビーズ
バイアス2.5cm幅、60cm
（1.2cm幅に折る）
Bタイプの花
つぼみ
セルティック
アプリケ
セルティック
アプリケ
4の図案
200 %に拡大

21ページ 携帯用ソーイングケース

出来上がり寸法 13×14.5cm(二つ折り)

材料

表布(藍染め木綿)…15×30cm
裏布(ギンガムチェック)…30×40cm
キルトしん…15×30cm
裏布のバイアス…2cm幅 200cm
フェルト2種…各11×22cm
木のボタン…0.7×3cm

作り方

●表布にセルティックをする(46ページ参照)。
●キルトしんと裏布を重ねてセルティックと同じ図案をキルティングする。
●セルティックの周りに落としキルトをしてから2cm角にキルティングをする。
●周囲を玉縁で始末し、裏側にポケットと針休めを手縫いで、表側に針目が出ないように縫いつける。

アプリケとキルティングの図案
(実物大)

セルティック
(裏布バイアス)
0.4幅
A
B
Aスタート
Bスタート

製図

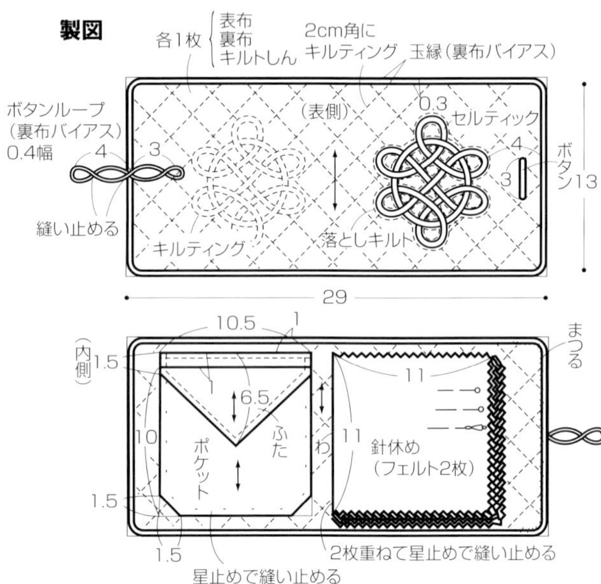

23ページ 針山

出来上がり寸法

直径6cm、高さ6cm

材料

表布のバイアス布…6cm幅 20cm(側面)
キルトしん・裏打ち布…各6cm幅 20cm
フェルト…直径6cmと10cmを各1枚
バイアス布…2.5cm幅 70cm(ルーシング用)
〃 …2.5cm幅 30cm(花用)
〃 …3.5cm幅 20cm(葉用)
毛糸(ウール100%)…適宜

作り方

●側面の布は1cmの縫い代をつけて裁ち、キルトしん、裏打ち布を重ねてキルティング。
●缶の側面にのりではりつけ、上部は内側に折り込み、下部はぐし縫いをしてしぼる。
●中に毛糸を詰め、直径10cmのフェルトをかぶせて目打ちで押し入れ、ボンドではる。
●ルーシング用のバイアスは、1.2cm幅に折ってCタイプ(39ページ参照)の縫い方で縫い縮め、フェルトの周囲にまつりつける。
●花はバイアス布を1.2cm幅に折り、Cタイプの縫い方で縮め、花の形にまとめる。
●葉は1.2cm幅の筒状に縫い、出来上がり図のようにまとめる。
●底にフェルトをはりつける。

製図

側面
各1枚 表布 裏打ち布 キルトしん
かんの深さ
直径x3.14
チェックに合わせてキルティング

フェルト
直径10cm
Cタイプの
直径2.7c
葉
ルーシング
側面
フェルト

ポットカバー&ランチョンマット

ポットカバー

出来上がり寸法　横幅 28.5㎝、高さ 22.5㎝

材料

表布(先染めの縞)…50×110㎝(バイアス分を含む)

キルトしん…25×60㎝

作り方

●表布も裏布も同じ布(表布)を使う。

●表布、キルトしん、裏布を同じ形にカットし、重ねてキルティングしてから図のように作る。

●アプリケの花は 2.5㎝幅のバイアス 22㎝を 1.2㎝幅に折り、Bタイプ(38 ページ参照)の縫い方で花にまとめる。

製図

28.5(ポットの幅+3)
1.5
玉縁は続ける
5
5
4.5
22.5(ポットの高さ+3)
ポットカバー
各2枚 表布 キルトしん 裏布
1
玉縁(表布バイアス)
1.5cm角にキルティング
1 玉縁(表布バイアス)
アプリケ

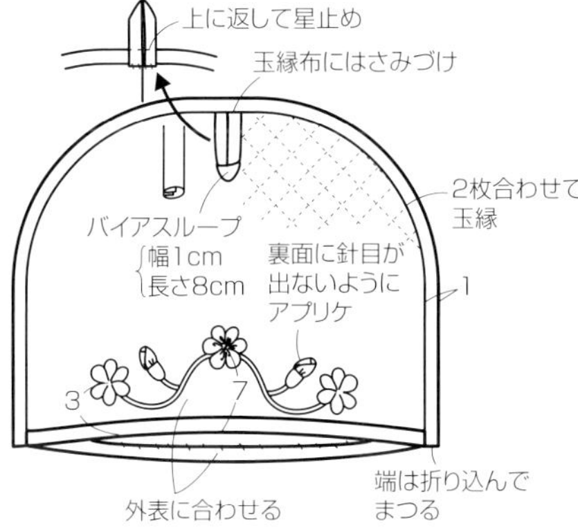

ポットカバーの図案

200％に拡大

②ダーツを縫って切り開く
③千鳥がけで止める
表布を外表に合わせる
端までキルティング
裏布(表)
間にキルトしんをはさむ
縫い代なし
①1.5cm角にキルティング

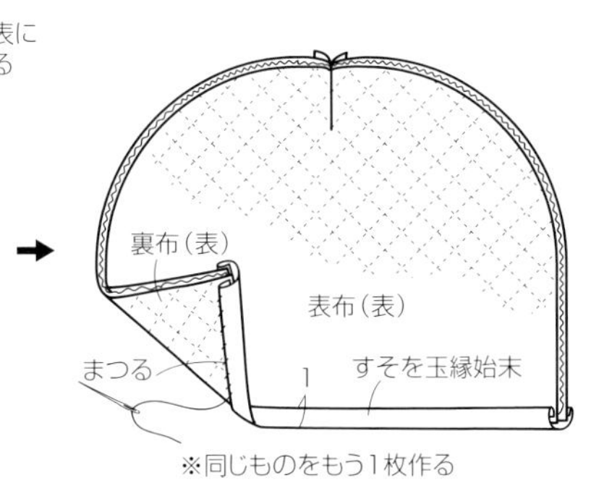

※同じものをもう1枚作る

つぼみの縫い方

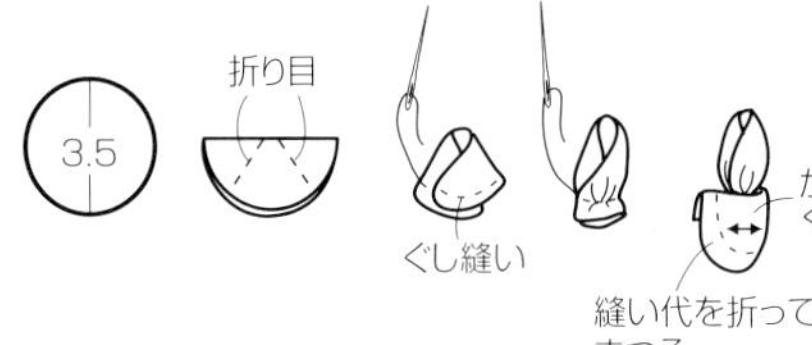

ランチョンマット

出来上がり寸法　27×35㎝

材料（1枚分）

表布(先染めの縞)…29×74㎝

キルトしん…29×37㎝

作り方

●裏布も表布も同じ布(表布)を使う。

●縫い代をつけて2枚裁ち、中表に合わせ一方にキルトしんをのせ、返し口を残して周囲を縫う。表に返して返し口をまつり、1.5㎝角にキルティングをする。

●アプリケの花はポットカバーと同じに作り、右下にアプリケする。

製図

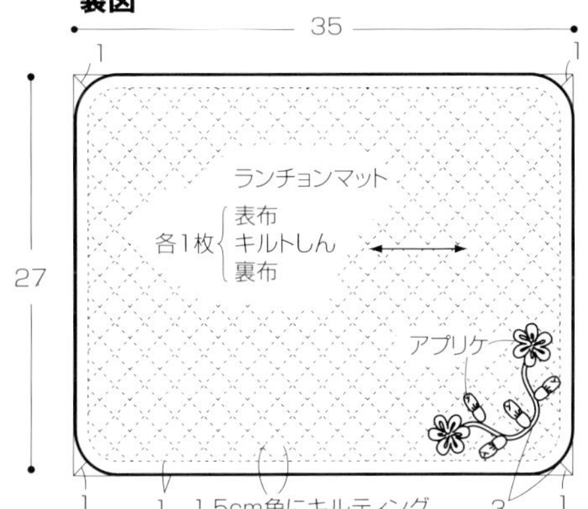

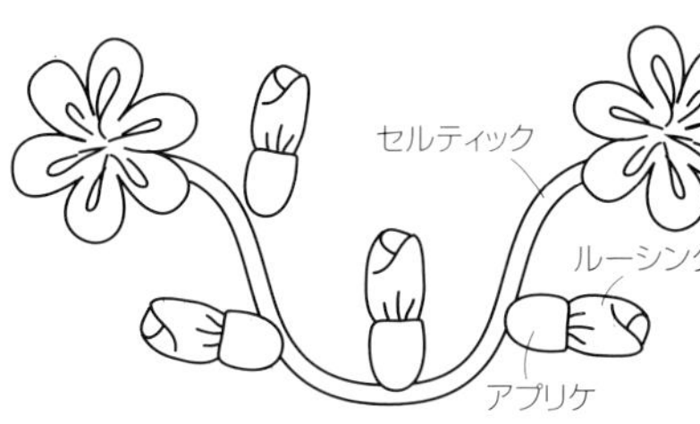

ランチョンマットの図案

200％に拡大

27ページ　カップ柄のタペストリー

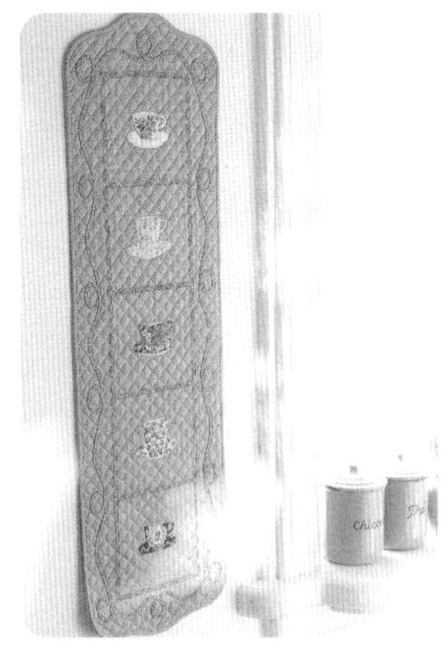

出来上がり寸法　85×27cm

材料

表布(木綿のピンドット)…50×90cm

裏布(コットンプリント)…30×90cm

別布(コットンプリント)…30×60cm(ラティスとセルティック)

キルトしん…90cm幅　30cm

アプリケ布各種…各適宜

作り方

●アプリケは、厚紙で型紙を作り、大きめに裁った布に当ててアイロンで形を作り、たてまつりでつける。

●48ページを参照してセルティックの図案を写す。セルティック用のバイアス布は1.5cm幅に裁つが、交差するポイントでつなぐことができるので、長くつなぐ必要はない。

●46ページを参照して、セルティックをする。

●キルティングは、アプリケの周囲に落としキルトをしてから1.5cm角に刺す。

●最後に形を整えて周囲を玉縁で始末する。

製図

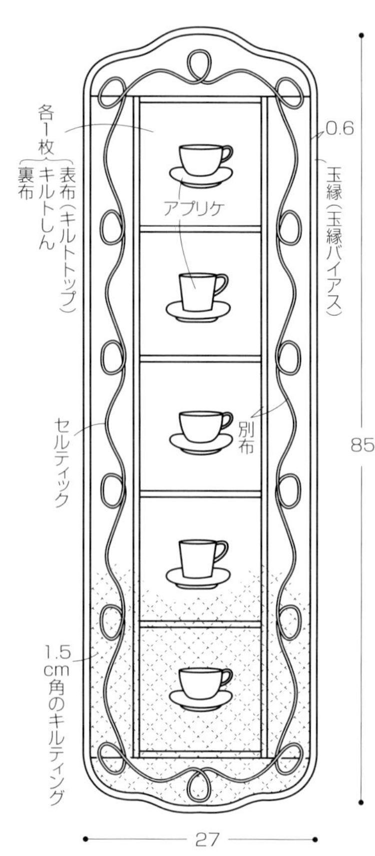

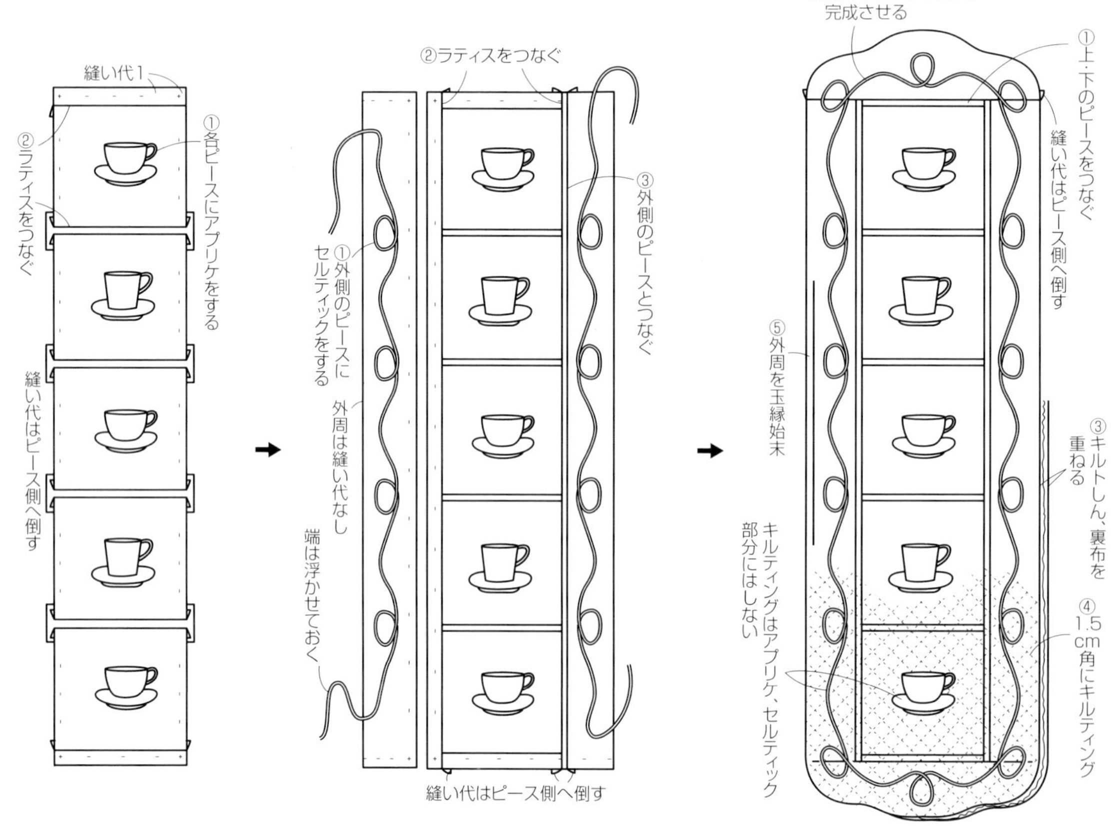

カップ柄のタペストリー
型紙と図案
400％に拡大

20ページ

さわやかトートバッグ

アプリケ布(63ページの続き)

1の花

イ　5cm幅のバイアス　32cm
（2.5cm幅に折る）
Dタイプの縫い方

ロ　2.5cm幅のバイアス　60cm
（1.2cm幅に折る）
Bタイプの縫い方

ハ　2.5cm幅のバイアス　26cm
（1.2cm幅に折る）
Bタイプの縫い方

ニ　2.5cm幅のバイアス　20cm
（1.2cm幅に折る）
Bタイプの縫い方

2の花

イ　2.5cm幅のバイアス　28cm
（1.2cm幅に折る）
Bタイプ（8弁）の縫い方

ロ　2.5cm幅のバイアス　22.5cm
（1.2cm幅に折る）
Bタイプ（6弁）の縫い方

ハ　2.5cm幅のバイアス　8cm
（1.2cm幅に折る）
Aタイプ（6弁）の縫い方

ルーシング
2.5cm幅のバイアス　114cm
（1.2cm幅に折る）
Bタイプの縫い方

1の花のイの中心
2cm幅のバイアス　18cm
Aタイプ（15弁）の縫い方

1の花のイの大きい花の中心
2cm幅のバイアス　23cm
Aタイプ（20弁）の縫い方

28ページ 垣根と花のタペストリー

出来上がり寸法 77×77cm

材料

表布A（和風プリント）…45×45cm

〃 B（　〃　）…70×32cm

〃 C（　〃　）…130×110cm

（垣根のセルティック、玉縁分を含む）

裏布（和風プリント）…80×80cm

セルティック用バイアス…2.5cm幅　150cm（つる）

セルティック用バイアス…2.5cm幅　30cm（茎）

ルーシング用バイアス…5cm幅　80cmを6本（花・つぼみ）

アプリケ布…20×15cm（葉）

キルトしん…80×80cm

葉の型紙

（実物大）

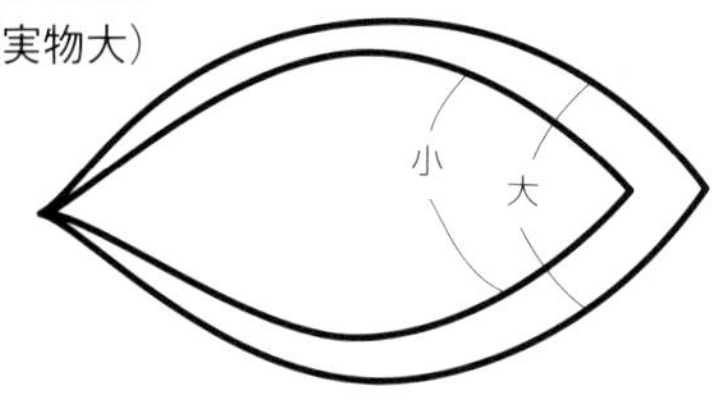

製図

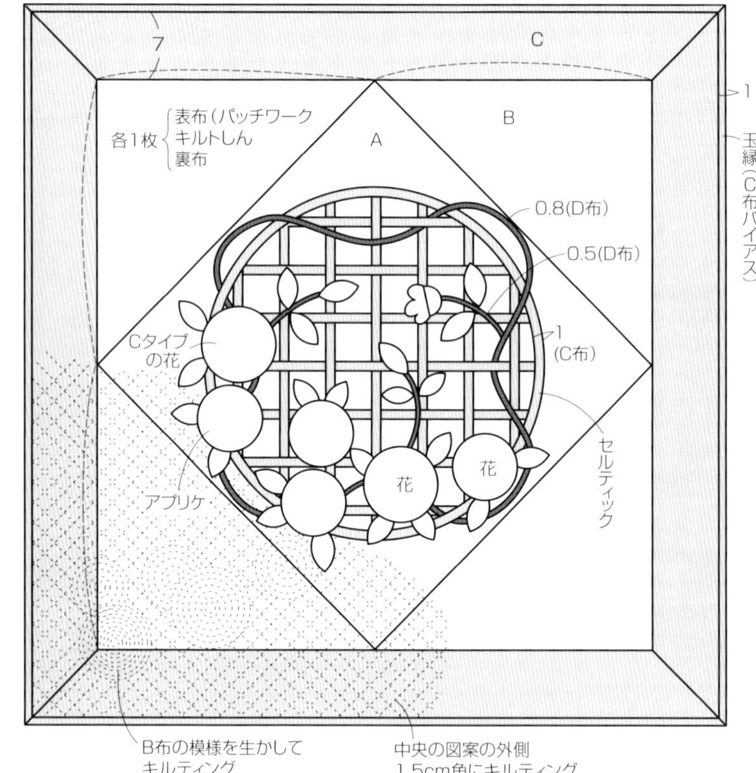

作り方

●Aの布にアプリケをし、B、Cとはぎ合わせて正方形にする。

●キルトしん、裏布を重ね、アプリケの周囲に落としキルトをしてから1.5cm角にキルティングをする。

●最後に周囲を玉縁で始末する。

●花は5cm幅のバイアスを2.5cm幅に折り、Dタイプの縫い方（40ページ参照）で縫い、2段に重ねる。

●セルティックは46ページを参照。

キルティングテクニック

表布・キルトしん・裏布の重ね方

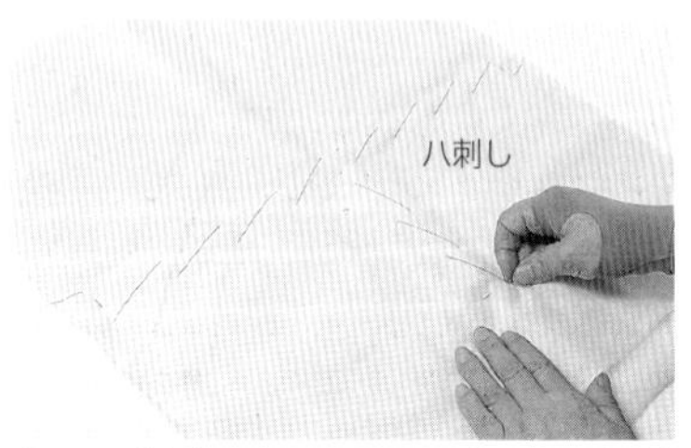

1　まず裏布とキルトしんを合わせ、裏布側からハ刺しの要領でしっかり縫い合わせる。

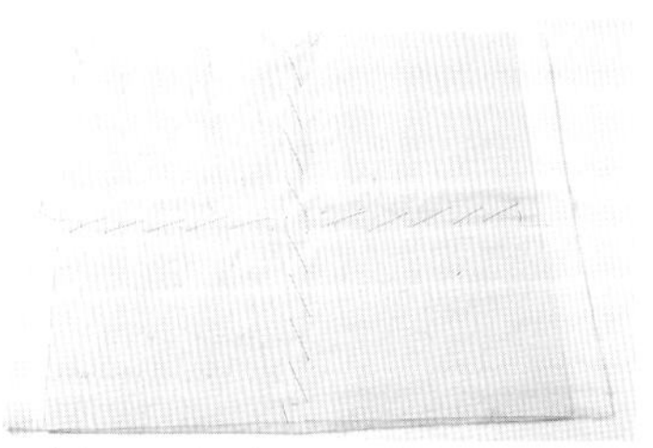

2　中心から外に向かって縫う。写真は四方向だけだが、縫い目の間、間にできるだけ多くしつけをする。

3　次に反対面に表布を重ね、同じ要領でしっかり縫い合わせる。

29ページ　花とぶどうのタペストリー

出来上がり寸法　47.5 × 47.5 cm

材料

表布(コットンプリント無地風)… 40 × 40 cm
(土台布)

表布(a・b・c・d)…各 30 × 40 cm(パッチワーク)

裏布(コットンプリント)… 50 × 50 cm

キルトしん… 50 × 50 cm

表布dのバイアス布… 3.5 cm幅　200 cm(玉縁)

図案用の布各種…各適宜

作り方

●土台布の中央に図案を写し、バスケット、葉、茎、花の順にセルティック、アプリケ、ルーシングをする。

●縁周りをa・b・c・dの布でパッチワークし、土台布とつなぐ。

●表布にキルトしんと裏布を重ねてしつけで止め、アプリケの際に落としキルトをしてから図のようにキルティングをする。

花の作り方

イ… 6 cm幅のバイアス 45 cm、Aタイプ(37 ページ参照)の花。中心は綿を少し入れてアプリケ

ロ…2.5cm幅のバイアス約 25 cm、Bタイプ(38 ページ参照)

ハ… 5 cm幅のバイアス約 32 cm、Dタイプ(40 ページ参照)。中心は2.5cm幅のバイアス 8 cm、Aタイプの縫い方で 6 弁の花

ニ…直径 3 cmの円 2 枚で 4 弁の花

ホ…直径 3 cmの円を半分に折って縮める

ヘ…2.5cm幅のバイアス 5 cm、Aタイプの縫い方で 3 弁のつぼみ

葉、ぶどうはアプリケ

製図

0.75
0.6cm内側にキルティング
玉縁(b)
各1枚 表布(土台布・パッチワーク) キルトしん 裏布
3
3
a b c d
土台布
47.5
33.5
33.5
47.5
0.5cm幅にキルティング

図案

250%に拡大

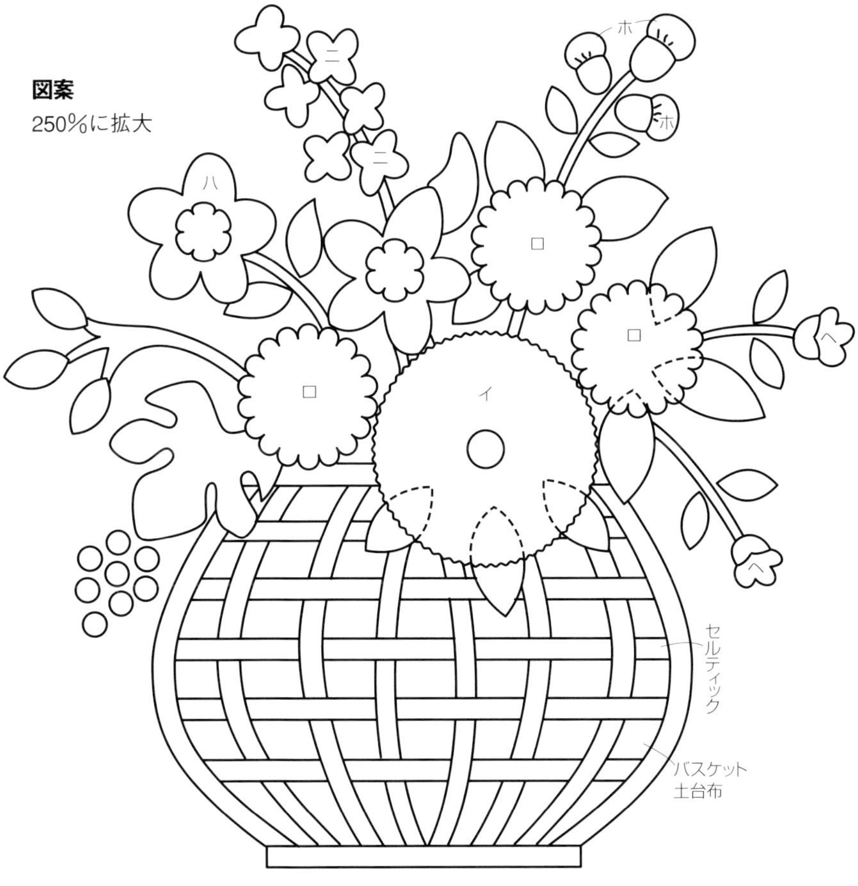

イ ロ ハ ニ ホ ヘ
セルティック
バスケット
土台布

30ページ　遊び紋のタペストリー

出来上がり寸法　105×78㎝

材料

表布（古い木綿布）…120×90㎝
裏布（コットンプリント）…110×90㎝
キルトしん…110×90㎝
表布のバイアス…4㎝幅　380㎝（玉縁）
アプリケ布（古い木綿布）…30×30㎝
アプリケ布と同じ布のバイアス…1.5㎝幅
　約25m（セルティック）
別のアプリケ布2種…各少々

作り方

●各ピースにそれぞれセルティック、アプリケをほどこして長方形につなぐ。
●セルティックは46ページ、アプリケは48ページを参照。
●キルトしん、裏布を重ね、72ページを参照してしつけをかけ、各図案に落としキルトをしてから1.5㎝幅にキルティングをする。
●抱南天の図案は全体がアプリケ。
●図案によって拡大率が違うので注意を。
●土岐家抱桔梗の花は4㎝幅のバイアス布、37㎝を2.5㎝幅に折ってCタイプの縫い方（39ページ参照）で5弁の花にまとめる。

製図

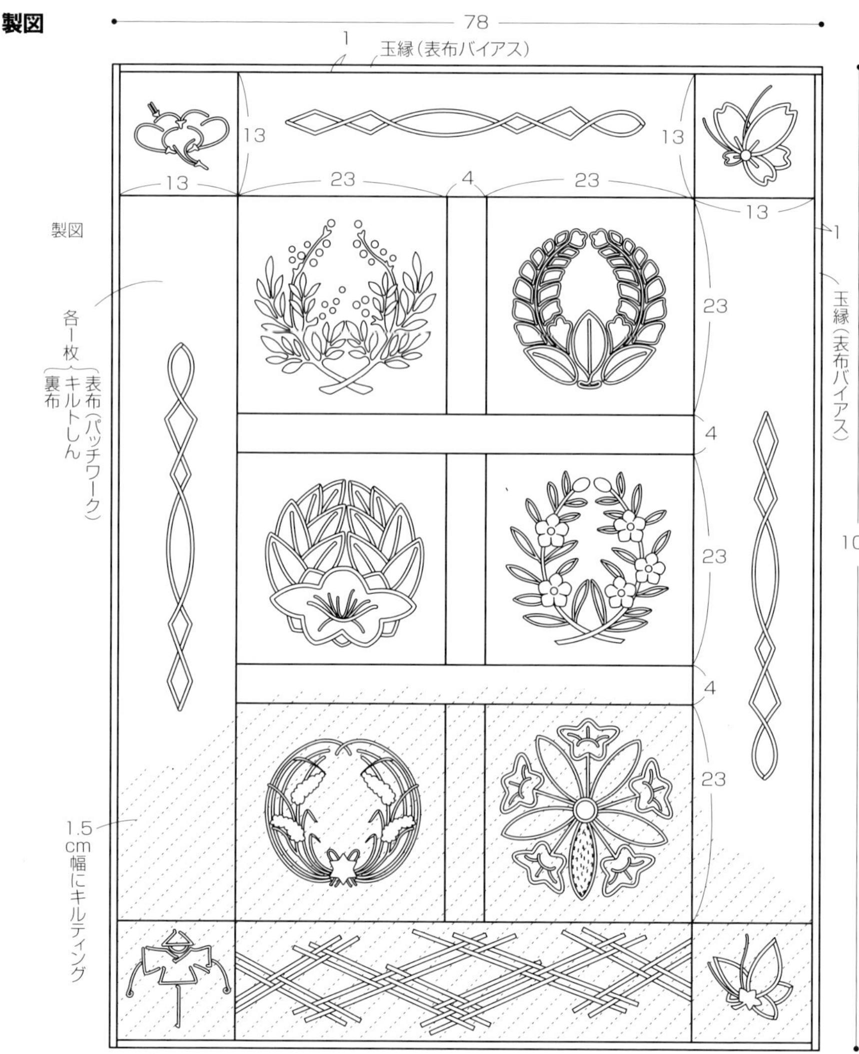

四隅の図案　200%に拡大

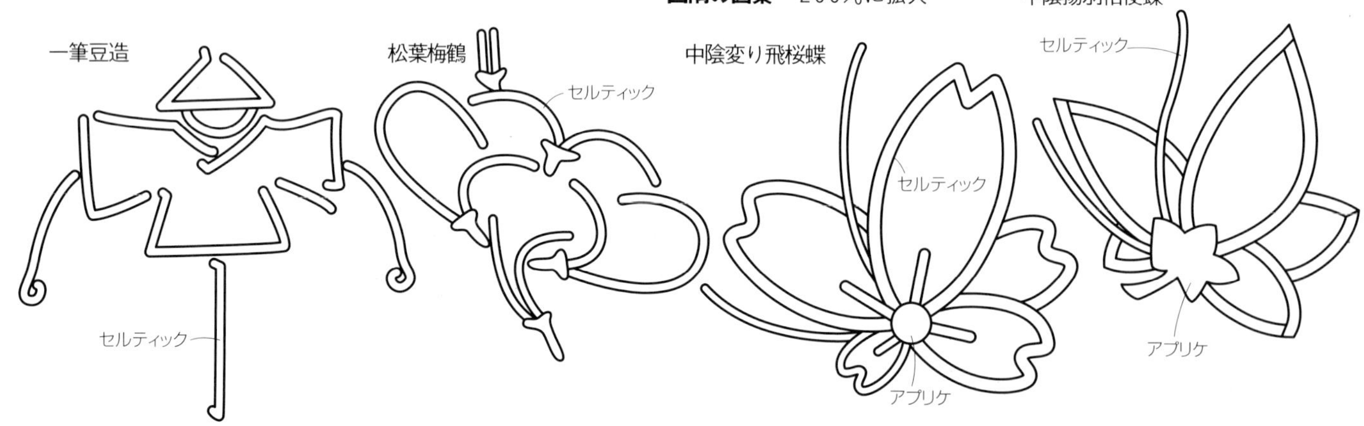

図案 細長い図案は400％に拡大、
丸紋は250％に拡大

32ページ　額絵・ベージュのフラワーバスケット

出来上がり寸法
(図案の大きさ) 33×42cm

材料
土台布(コットンプリント)… 45×55cm
バスケット土台布、アプリケ布、ビーズなど… 各適宜

作り方
●土台布の中央に図案を写す(48ページ参照)。
●まずバスケットの土台布をしつけで止め、その上にアプリケとセルティックでバスケットを完成させる。
●葉をアプリケ、茎をセルティックで縫いつけ、最後に花を縫い止める。

図案　250％に拡大

ト
ヌ
ヌ
ヌ
ビーズ
ロ
ト
ヘ
ニ
ヘ
リ
ヘ
イ
リ
ニ
ロ
ビーズ
ヌ
ハ
ビーズ
チ
ホ
ホ
ビーズ
ホ
バスケット土台布
セルティック
アプリケ

花の作り方
イ　6cm幅のバイアス　50cm　Aタイプ。花しんは直径1.5cm、中に少し綿を入れてアプリケ
ロ　5cm幅のバイアス　32cm　Dタイプ(5弁)。花しんは2.5cm幅のバイアス　8cm　Aタイプ(5弁)
ハ　5cm幅のバイアス　32cm　Cタイプ(6弁)
ニ　2.5cm幅のバイアス　60cm　Bタイプ
ホ　2.5cm幅のバイアス　23cm　Bタイプ(6弁)
ヘ　3cm幅のバイアス　17cm　円形の花A(41ページ参照)。花しんは直径1cmのアプリケ
ト　直径4cmの円で4弁の花
チ　2.5cm幅のバイアス　8cm　Aタイプ(5弁)
リ　2.5cm幅のバイアス　6cm　Aタイプ(3弁のつぼみ)
ヌ　直径4cmの円でつぼみ

33ページ

額絵・ピンクのフラワーバスケット

出来上がり寸法
35×32.5㎝（図案の大きさ）

材料
土台布（グログランモアレ）…55×50㎝
接着しん…55×50㎝
バスケット土台布、各種シルクリボン、オーガンジーリボン、シルクバイアステープ、ビーズなど…各適宜

作り方
●土台布の中央に図案を写し、接着しんをはる（48ページ参照）。
●まずバスケット土台布をしつけで縫い止め、バスケット、茎、葉、花の順に縫い止める。
●茎はセルティックの直づけの方法で（46ページ参照）。

への縫い方

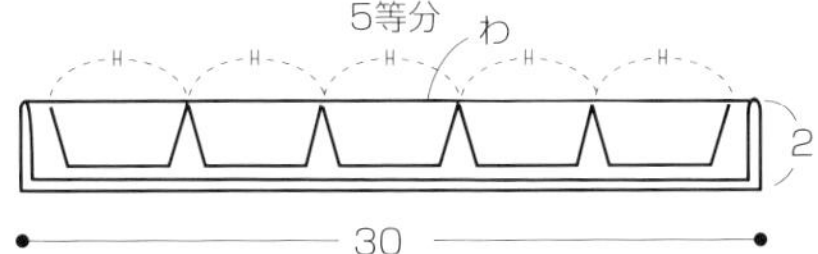

リの縫い方

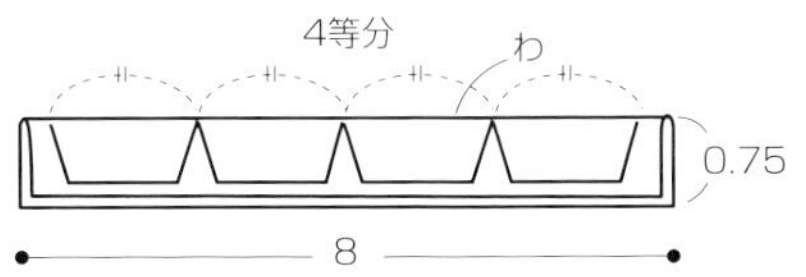

各部分の材料と作り方
イ…7㎜幅のサテンリボン
ロ…2.5㎝幅のオーガンジーリボン
　イとロを交互に組み合わせ、オーガンジーリボンはシャドー・Sで押さえ、両端のサテンリボンはまつりつける。
ハ…2.5㎝幅のバイアス（コットンプリント）
ニ…2.5㎝幅のシルクバイアス、セルティック
ホ…4㎝幅のシルクバイアス50㎝、Aタイプ
ヘ…4㎝幅のシルクバイアス30㎝、図参照
ト…2.5㎝幅のシルクバイアス30㎝、Bタイプ
チ…2.5㎝幅のシルクバイアス20㎝、Bタイプ
リ…1.5㎝幅のシルクバイアス8㎝、図参照
ヌ…4㎝幅のシルクバイアス10㎝、Aタイプ
ル…2.5㎝幅のシルクバイアス4㎝、つぼみ
オ…2.5㎝幅のシルクバイアス6㎝、つぼみをくるんで根元をぐし縫い
ワ…1.5、2.5、4㎝幅のシルクバイアス2.5～7㎝、葉（45ページ参照）
カ…2.5、4㎝幅のシルクバイアス2.5～6㎝、葉
ヨ…1.5㎝幅のシルクバイアス、ヌの根元をがくのようにくるんでまつる
タ…1.5㎝幅のシルクバイアス6㎝、丸い小花（41ページ参照）
レ…2.5㎝幅のシルクバイアス15㎝、への縫い方で

図案　250％に拡大

シャドー・Sで押さえる
バスケット土台布
○=ビーズ各種

33ページ　小さい額

出来上がり寸法　（**1～3**共通）
15×10㎝（額の内寸）

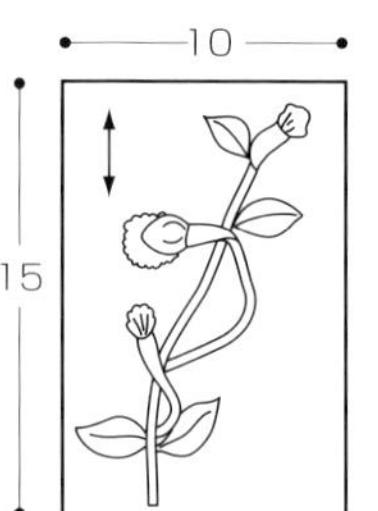

材料
土台布（グログランモアレ）…20×15㎝
リボン各種…各適宜
作り方
●土台布に図案を写し、まず葉をしつけで止める。
●花を作り、茎をつけて図案に沿ってまつりつける。
イ…4㎝幅のシルクバイアス23㎝、端5㎜を折ってBタイプの縫い方（38ページ参照）で
ロ、ハ…1.5㎝幅のバイアス5㎝、Aタイプの縫い方（37ページ参照）で3山縫って縮める
葉、茎は2.5㎝幅のシルクバイアスで、葉は45ページの縫い方で、茎はセルティック

2

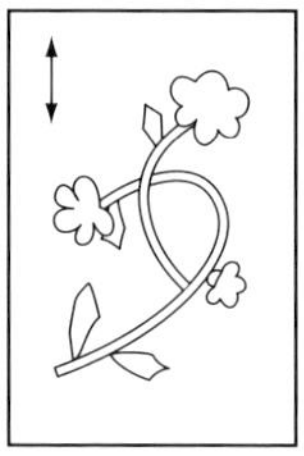

材料　**1**と同じ
作り方
●**1**と同じ要領で作る。
イ…4㎝幅のシルクバイアス24㎝、Bタイプの縫い方で6弁の花
ロ…2.5㎝幅のシルクバイアス20㎝、Bタイプの縫い方で5弁の花
ハ…2㎝幅のシルクバイアス8㎝、Bタイプの縫い方で4弁の花
葉…1.5㎝幅のシルクバイアス、45ページ参照
茎…2㎝幅のシルクバイアスでセルティック

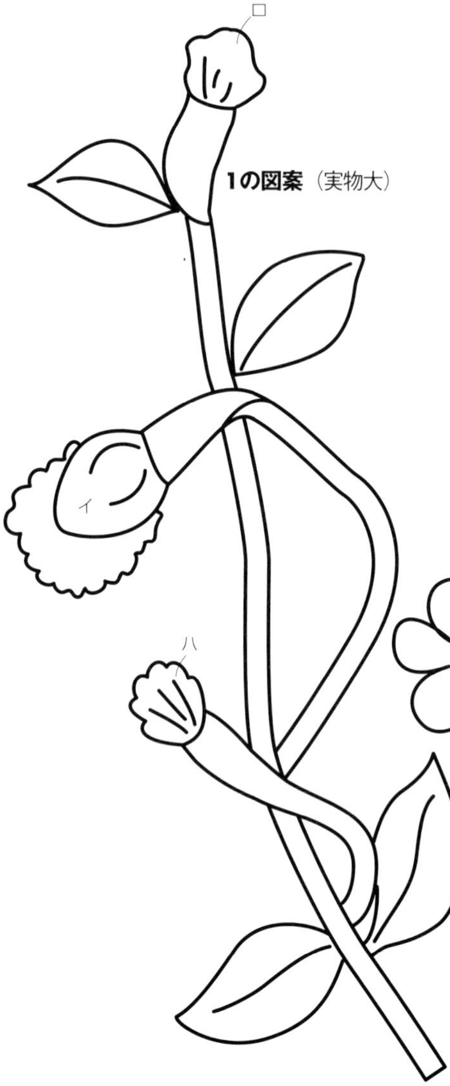

1の図案（実物大）

ロ
イ
ハ

2の図案（実物大）

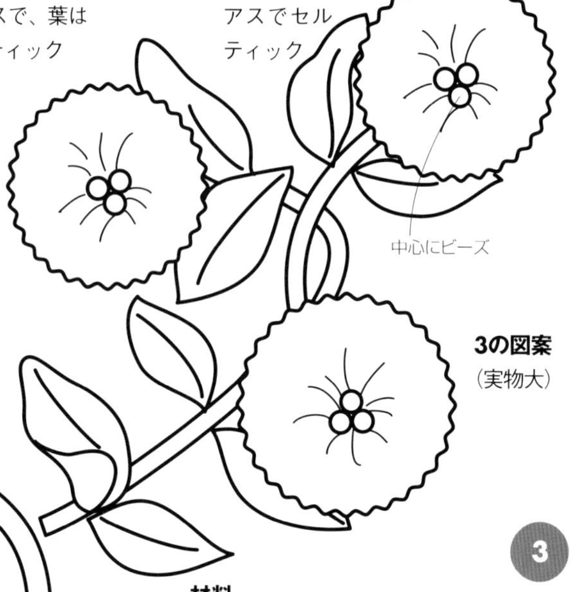

イ
ロ
ハ

3の図案（実物大）

中心にビーズ

3

材料
土台布（グログランモアレ）…15×20㎝
各種シルクリボン、ビーズ…各適宜
作り方
1と同じ要領で作る。
花…4㎝幅のプリーツリボン15㎝、幅を二つ折りにしわの方をぐし縫い。中心にビーズ
葉…2.5㎝幅のシルクバイアス2.5㎝、45ページの縫い方で
茎…2㎝幅のシルクバイアスでセルティック

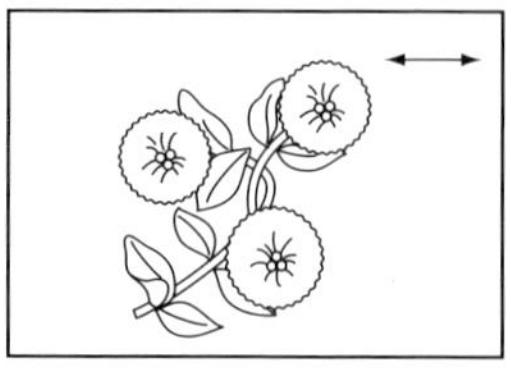

34ページ　額絵・藍と更紗のフラワーバスケット

出来上がり寸法　43×43㎝

材料

表布（藍木綿）…45×45㎝

キルトしん…45×45㎝

裏布(コットンプリント)…45×45㎝

バスケット土台布、アプリケ布、綿など各種…各適宜

作り方

●各アプリケ布は古い木綿布を使い、縞や模様を図案の方向や中央部分に生かして裁つ。

●表布に図案を写し、ルーシング、セルティック、アプリケでまとめる。

イ…6㎝幅のバイアス45㎝、Aタイプの縫い方で縮める。中央は4㎝の円の外回り6等分の位置に印をつけ、4弁の花（42ページ参照）の要領で1㎝ぐらい内側をすくってしぼり、中に綿を入れてまつりつける

ロ…直径3㎝の円で4弁の花

ハ…2.5㎝幅バイアス布30㎝、Aタイプの縫い方（37ページ参照）で縮める

●バスケットはまず土台布をしつけで縫い止め、セルティックでまとめる。

●図案が完成したらキルトしんを重ね、裏布と中表に合わせて返し口を残して周囲を縫い、表に返して返し口をまつる。

●図案の周囲に落としキルトをしてから波状のキルティングをする。

製図

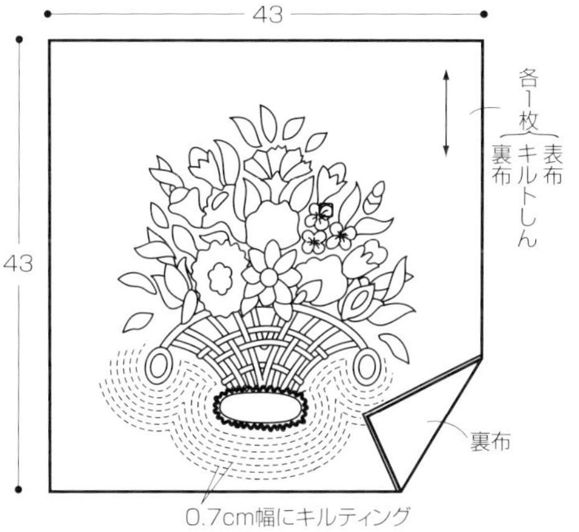

図案　200%に拡大

黒羽志寿子　くろはしずこ

山口県徳山市に生まれる。1975年から1976年、アメリカに在住し、その間キルトに出会う。
帰国後、黒羽志寿子キルトサークルを主宰。東京、札幌、仙台、鎌倉、神戸、広島、福岡など全国各地でキルトの指導にあたり、サークル展を行っている。
そのほか世界各地のキルト展にも出品し、高い評価を得ている。
1999年には「おしゃれ工房」の講師として、ミシンで制作するストレートスラッシュキルトなどの作品を紹介、指導。
主な著書に、『和の袋物』（雄鶏社）『藍染めと更紗』『ストレートスラッシュキルトの世界』『ストレートスラッシュキルトマジック』（共に文化出版局）など多数。

参考文献
『THE ARTFULRIBBON』
『CANPACE』
『THE BEST OF BOLTIMORE BEAUTIES』
『ELLY SIENKIEWICZ』
『平安紋鑑』（森晴進堂）

制作協力　浅賀千恵美　荒原陽子　有働登喜　岩崎雅恵　織井孝子　カトリーヌ・フレガード
斉藤禎子　佐藤正子　祥子・ファーガソン　田頭活子　田中成子　永見寿美子　笛田由紀子
古谷敦子　馬渡民子　谷上香代子　山本晶子　山本麻里子　吉田享子

協力　金亀糸業株式会社　オルファ株式会社　クロバー株式会社　河口株式会社

デザイン・レイアウト　竹盛若菜
撮影　成清徹也
スタイリング　田中まき子
トレース　大楽里美　大森裕美子（day studio）
校正　広地ひろ子
編集協力　宮下信子　唐澤紀子
企画・制作編集　重野洋子　長坂美和　真喜屋めぐみ（放送出版プロダクション）

NHKおしゃれ工房
はじめてのルーシングフラワーキルト
発行日　2001（平成13）年3月20日　第1刷発行

著　者　黒羽志寿子

発行者　安藤龍男
発行所　日本放送出版協会
〒150-8081　東京都渋谷区宇田川町41-1
電話 03-3780-3339（販売）
http://www.nhk-book.co.jp
振替　00110-1-49701
制　作　放送出版プロダクション
〒150-0042　東京都渋谷区宇田川町7-7
電話 03-3770-5775（編集）
印刷・製本　凸版印刷株式会社
ISBN4-14-031104-5　C2077　Printed in Japan